ちくま新書

ケルトの世界

——神話と歴史のあいだ

疋田隆康
Hikida Takayasu

1692

ケルトの世界——神話と歴史のあいだ【目次】

まえがき　011

第1章　ケルトの起源　019

1　神話にみる起源　020
ケルトの神話／アイルランド人の起源／トゥアタ・デー・ダナン／ミールの息子たち／ダーナ神話の原形／アウグスティヌスの六時代区分論

2　通説とケルト否定論　031
ブリテン諸島への到来／ケルト人についての通説／ハルシュタット文化／ラ・テーヌ文化／ケルト的辺境／ケルトに対する疑念／ケルト否定論／ケルトをめぐる論争／ケルト語の扱いをめぐる相違

3　矛盾する証拠　046
分子生物学の援用／アフィントンの白馬／遺伝子研究の問題点

コラム　ケルト人の外見　051

第2章　宴と決闘　055

1　ケルトをめぐる古典文献　056
民族誌的記述のはじまり／ポリュビオス／ポセイドニオスと紀元前一世紀の著作家たち／ローマ帝政期の著作家たち

2　宴と酒　063
マック・ダトーの豚／ケルト人の宴／古典文献との類似点／ケルト人の食生活／飲み物／ケルト人とビール／ケルト人とワイン／ガリアでのワイン醸造の発展

3　貨幣の役割　079
地中海との交易／ケルトのコイン／コインの機能／交易と貨幣

コラム　伝説の地アレシア　089

第3章　英雄の宿命――インド＝ヨーロッパの遺産　093

1　クー・フリンの生涯　094
クー・フリンの出生／名前の由来／名声と短命の予言／クー・フリンの結婚／クアルンゲの牛捕

り／不死身の英雄との戦い／『マハーバーラタ』の物語／ケルト人の戦車
2　英雄の最期　107
アイフェの息子の死／英雄による息子殺し／クー・ロイの死／クー・フリンの最期／罠による英雄の最期／インド＝ヨーロッパ語族の三機能区分
3　ケルト文化とインド＝ヨーロッパの要素　117
首切りゲーム／ガウェインと緑の騎士／頭部信仰との関連性／ケルト人の暦／コリニーの暦／インド＝ヨーロッパ的要素との関連
コラム　ケルト人の部族　129
第4章　文字の発明　133
1　史料としての碑文　134
ケルト人の言語／ガリア語碑文／古代ケルト人の文学
2　ケルト社会の諸側面　144
コインの銘／ケルト社会の政務官／ケルト人の政治体制／三〇〇人の評議会／移民／歓待の札／奉献碑文
3　生活の諸相――恋愛、呪い、魔術　157

ケルトの女性／恋愛／呪いの碑文／魔術／ラルザックの鉛板
コラム　ケルト人の住む世界はどうみられていたか　169

第5章　神々と風土　173

1　ケルトの神々　174
ケルトの宗教／エポナ／ケルヌンノス／テウタテス／エスス／タラニス／祖先信仰／ローマの神の名で記録された神々／メルクリウスとマルス／ルグス／アポロ／ユピテル、ミネルウァ／マトロナエ

2　神話と英雄伝説　194
古代ケルト人の神話物語／ケルト人の起源と通俗語源説／ローマ占領と英雄伝説

3　ドルイドと死生観　202
ケルト社会共通の存在？／ドルイドの役割／魂の不死／ローマ支配下でのドルイド／生贄

コラム　ケルト人の教育　211

第6章 オシアンの夢 215

1 フィアナ物語 216

オシアンの夢／フィアナ物語／ジーァルマジとグラーネの追跡／フィンとフィアナの最期

2 傭兵と地中海世界 224

ケルト人傭兵／デルフォイ侵攻／ガラティア王国／エジプトのケルト人傭兵／ケルト人傭兵とポエニ戦争／傭兵活動

3 ロマン主義とケルト 237

オシアンとロマン主義／好古家からの批判／ロマンティックなケルト・イメージの普及

コラム ケルト人の音楽 244

おわりに 249

あとがき 257

図版出典 262

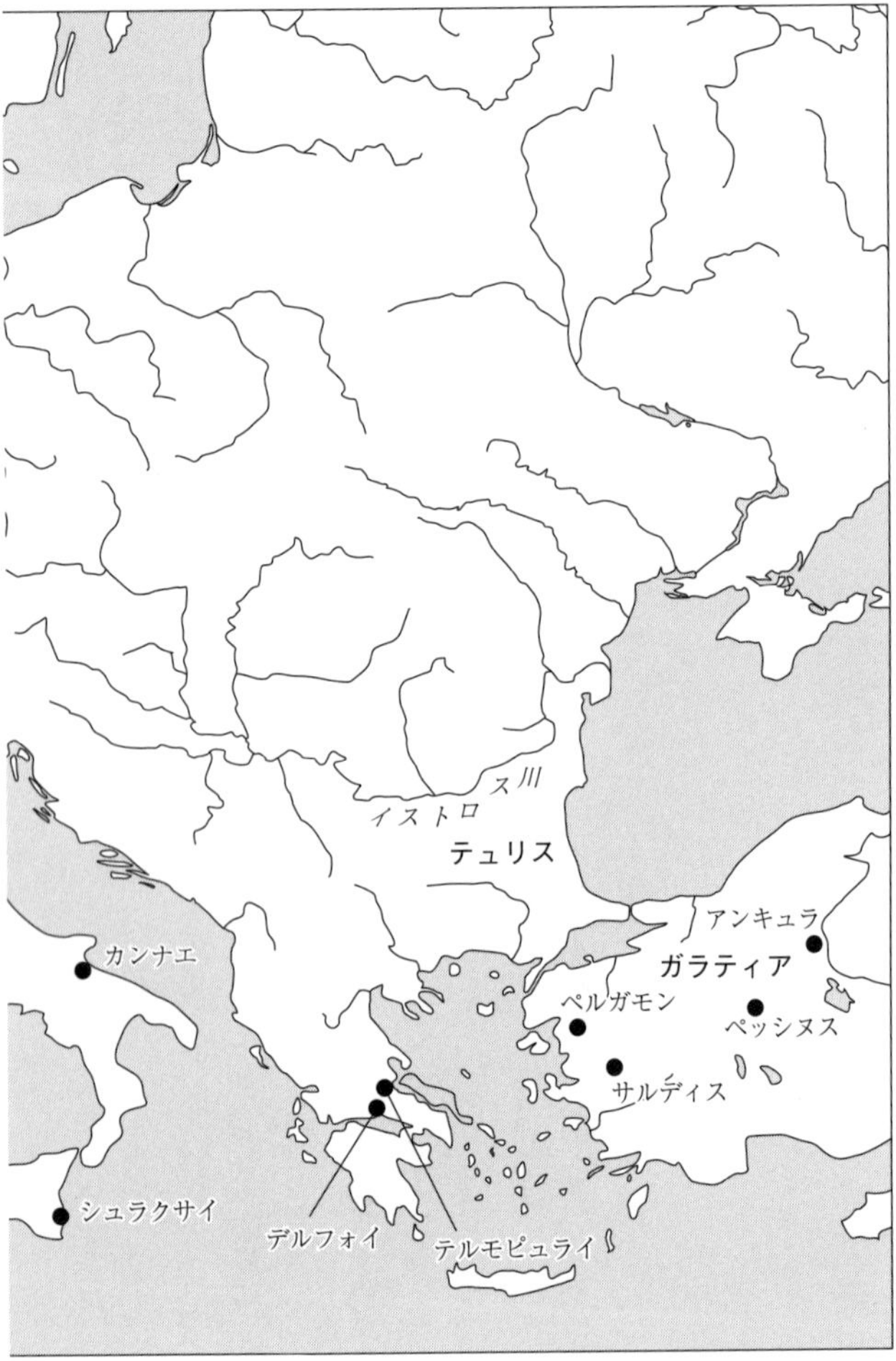
イストロス川
テュリス
アンキュラ
カンナエ
ガラティア
ペルガモン
ペッシヌス
サルディス
シュラクサイ
デルフォイ
テルモピュライ

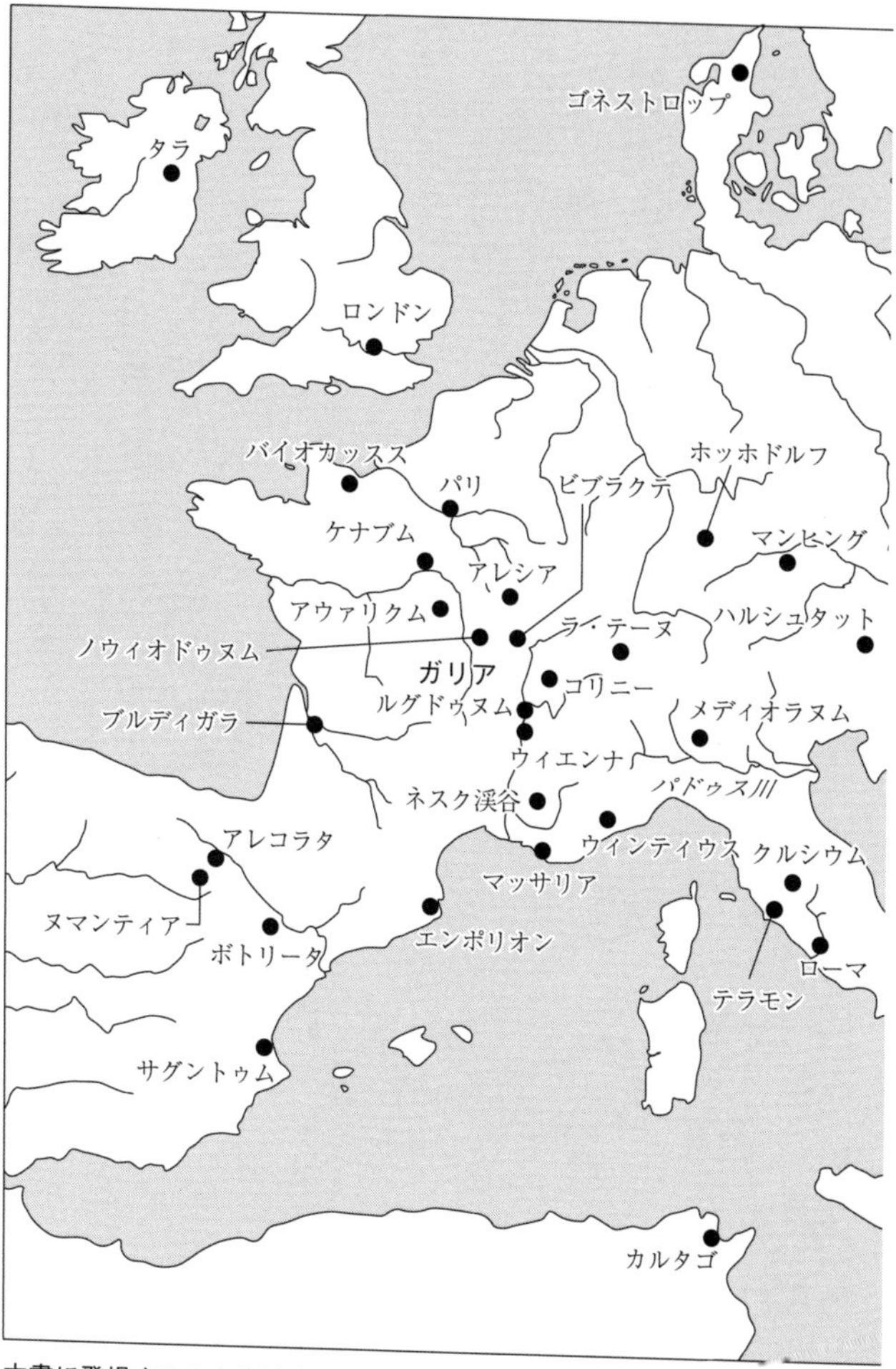

本書に登場するおもな地名

エピディイ族
ブリガンテス族
オルドウィケス族
イケニ族
シルレス族
カトゥウェッラウニ族
トレウェリ族
ベルガエ族
レミ族
レウキ族
パリシイ族
セノネス族
リンゴネス族
ナムネテス族
カルヌテス族
セクアニ族
ピクトネス族
トゥロネス族
ハエドゥイ族
ヘルウェティイ族
ビトゥリゲス族
アッロブロゲス族
アルウェルニ族
インスブレース族
リンゴネス族
アナレス族
ボイイ族
セノネス族
アレウァキ族
ルソネス族
ベッリ族
ティッティ族

おもなケルト人の部族

まえがき

ケルトと聞いて、何を連想するだろうか。エンヤなどに代表されるいわゆるケルト音楽だろうか、『ケルズの書』などのいわゆるケルト美術だろうか、妖精物語だろうか。近年ではゲームやアニメなどのサブカルチャーにケルト神話由来のキャラクターが登場することも多いので、それらを思い浮かべる人もいるかもしれない。

ケルト人は、近年論争のあるテーマで、じつは学界でもケルト人をどう捉えるかについて十分な合意があるわけではない。イギリスでも、ケルトのイメージは時代によりまちまちであり、たとえば、『ローマ帝国衰亡史』の著者として知られる、一八世紀の歴史家エドワード・ギボン（一七三七―九四）は、一七六四年の日記の中でゲルマンの神話・伝説集『エッダ』を「古代ケルト人の聖なる書物」と呼んでいる。一九世紀には、シャーロック・ホームズが「マスグレーブ家の儀式」（一八九三年）で「彼女は激しく激情的なウェールズの血筋」と述べており、二〇世紀にも、イアン・フレミング（一九〇八―六四）の『死ぬのは奴らだ』（一九五四年）では、ニューヨークを訪れたスコットランド出身の諜報員0

07ことジェームズ・ボンドが摩天楼を見て、ケルトのゴシック建築のようだという感想を抱く（なお、一九七三年公開のロジャー・ムーア主演の映画ではこのシーンはカットされている）。

わが国では、二〇世紀の終わり、音楽を中心に世界的な「ケルト・ブーム」が起こったときに、ケルト関連の本の出版、ケルト美術展の開催などにより、ケルトの知名度も高まったものの、時代も地域も遠く隔たっているせいか、ストーンヘンジがケルト人の遺跡であるとか、ケルト人は文字を持っていなかった、といった一八―一九世紀のようなケルト人のイメージもいまだに根強く流布しているように感じられる。ちなみにストーンヘンジはおそらくケルト人が歴史に現れるよりも二〇〇〇年近く前に建造されたものと推定されている。

そこで、本書では、特に人々のイメージと学術的な知見との齟齬《そご》が大きい点を中心に、歴史を題材に古代のケルト人の実相を探っていこうと思う。その際に、ケルトをめぐる論争に伴い、ケルト人に関してさまざまな仮説が提示されてきているが、本書では、あえてそれらを教科書的に概説していくのではなく、日本でも比較的なじみ深いと思われるアイルランドの神話を取っ掛かりとして、それに関連する歴史的事項や背景を取り上げながら、ケルト人とその社会、文化、風俗などについてみていくことにしよう。このようなやり方には批判もあるだろうが、神話や伝説を出発点に置くことで、改めて古代のケルト人と、アイルランドなど「ケルト的辺境」のケルト文化との関係を再考することにもつながるのではないかと思われるからである。

本書のテーマであるケルト人は、ギリシア語「ケルトイ」に由来する。この言葉は、紀元前五世紀の、「歴史の父」ヘロドトスによれば、イストロス川（現ドナウ川）上流に住む人々のことであったが、多くの場合、近代的な意味での民族ではなく、ギリシアから見て西方、すなわち中央ヨーロッパから西ヨーロッパの人々を漠然と指していたようである。たとえば、紀元前四世紀の著作家エポロスは、世界を四つに分ける場合、東方をインド人、南方をエティオピア人、北方をスキュタイ人、そして西方をケルト人に当てていた、と伝えられる。

ギリシア・ローマの古典文献の記述に基づいて、長らくこのケルト人は、ローマ以前にヨーロッパの大部分に居住していた人々とみなされてきた。一六―一七世紀にかけては、アイルランド語やウェールズ語など、ブリテン諸島の言語が同じグループに属するもので、元をたどればケルト人の言語に由来する、という考えが現れた。やがて、一九世紀になると、ケルト人は考古学と結びつけられるようになった。

デンマーク人のトムセン（一七八八―一八六五）は、先史時代を石器時代、青銅器時代、鉄器時代に分ける三時代区分法を提唱した。この三時代区分法は、先史時代の最も基本的な編年として次第に普及していき、現在に至っている。しかし、トムセンの説は、単なる編年法ではなく、それぞれの時代はそれぞれ特定の民族によって形成されると説明している点など、現代の三時代区分の理解とは異なる点も含んでおり、ケルト人もこの中に組み込まれていった。

一八五〇年代には、ケルト人を青銅器時代に区分する説もあったが、スウェーデン人のハンス・ヒルデブラント（一八四二―一九一三）が鉄器時代を二つの時期に分け、一八四六年に発掘されたオーストリアの遺跡ハルシュタットと一八五八年に発掘されたスイスの遺跡ラ・テーヌにちなみ、前期にハルシュタット文化、後期にラ・テーヌ文化の名を与えると、ケルト人を鉄器時代の人々として認識する見解が広まっていった。また、インド＝ヨーロッパ語族の比較言語学が確立されてくるのも同時期のことであり、一九世紀前半にケルト語はインド＝ヨーロッパ語族の中に位置づけられるようになった。

こうして、ケルト人とは、インド＝ヨーロッパ語族のケルト語派の言語を用いる、ギリシア語で「ケルトイ」、ラテン語で「ガッリ（ガリア人）」などと呼ばれた人々のことで、もともとはドナウ川上流域に居住しており、紀元前八〇〇年頃、独自の文化を確立した人々であるとされるようになった。そして、ケルト人は、その後東西に勢力を拡大し、紀元前三世紀頃にはイベリア半島やブリテン諸島からアナトリア半島に至る、イタリア、バルカン半島、北欧を除くヨーロッパのほぼ全域に居住するようになる。

紀元前三世紀後半からローマが勢力を拡大してくると、次第にローマによって征服され、一世紀にはアイルランドやスコットランドなど一部地域を除いてローマ帝国の支配下に入った。五世紀、ローマ軍がブリテン島から撤退すると、ブリテン島全域がケルト人の勢力下に戻ったが、すぐにサクソン族が到来し、イングランドはアングロ＝サクソンの手に落ちた。一部のケルト人はブリテン島からブルターニュ半島へ渡り、こうして中世にはケルト人の勢力範囲はアイルランド、スコットランド、マン島、ウェールズ、コーンウォール、ブルターニュとなった。そしてこれらのいわゆる「ケルト的辺境」の人々が古代ケルト文化の継承者とみなされ、中世以降も「ケルト的辺境」において伝えられてきたというパラダイムが形成されてきた。これが二〇世紀半ばまでにケルト人についての定説となった考え方である。

しかし、二〇世紀終わりからこのようなケルト像に疑念が呈されるようになり、従来の説の擁護派と否定派によって論争が戦わされるようになった。さらに近年では遺伝子研究がケルト研究にも応用されることで、ケルトの捉え方は大きく変化してきているのである。

次に本書の構成について、簡単に述べておこう。本書の主要なテーマは古代ケルト人の実像に迫ることであるが、まったく先入観のないいわば白紙の状態でケルト人と向かい合うことは困難であり、良くも悪くも先人たちの業績から影響を受けることは免れない。そこでまず、ケルト人をどう捉えるべきか、ケルト人をどのように位置づけるべきか、といった問題を、(1)近年のケルトをめぐる議論、(2)ギリシア・ローマの古典文献と中世のアイルランドやウェールズの神話との関係、(3)ケルトとインド＝ヨーロッパ語族との関係、という三点を軸にみていく。そのうえで、古代ケルト社会の諸相について、その実態を検討し、最後に先に触れた通説が生まれる一因となったロマンティックなケルト・イメージの起源を論じる。

最初の三章は、主としてケルトの位置づけに関わる部分である。まず第1章では、近年のケルトをめぐる問題について、神話に描かれるアイルランド人の起源にまつわる物語と、ギリシア・ローマの古典文献の記述、さらに考古学的知見や近年の分子生物学を援用した遺伝子研究などを絡めながら考察していく。続く第2章では、ケルトの論争の中でも特に問題となっているブリテン諸島の人々と大陸のケルト人との関係を、古典文献の記述とアイルランドの神話から考えてみたい。また、第3章では、ケルト人の文化に残るインド＝ヨーロッパ的な要素を、アイルランドの伝説上の英雄クー・フリンの生涯を例に取って紹介しながら、インド＝ヨーロッパ語族とケルトの関係についてみていく。

第4章と第5章は、少し趣を変え、ギリシア・ローマの古典文献と、ケルト語碑文や考古学的遺物などケルト人自身が残した史料を中心に、古代ケルト社会の実態について検討してみたい。そして第6章では、アイルランド神話の中からフィアナ物語を取り上げ、傭兵活動を中心に再度古代ケルト社会とのかかわりを確認するとともに、古代ケルト社会についての補足を行い、先に触れた通説が生まれる一因となったロマンティックなケルト・イメージの起源を一八世紀の作家マクファーソンを中心に論じる。最後に、本書の議論を通して、改めてケルトがどのように捉えられるのかを示し、締めくくることとしたい。

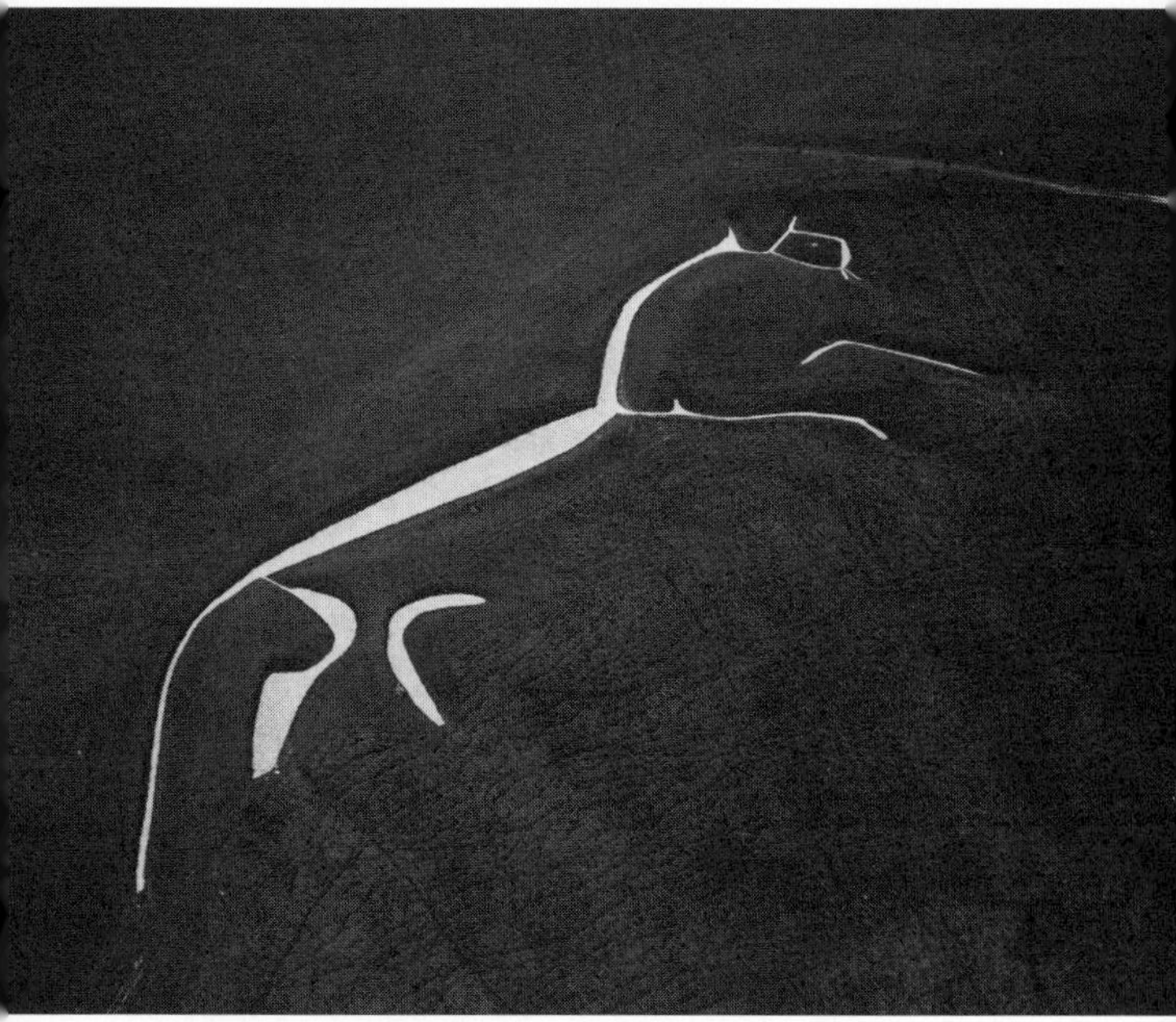

第 1 章

ケルトの起源

アフィントンの白馬（写真：アフロ）

1　神話にみる起源

本書はケルト人をテーマとしているが、まず「ケルト人とは何か」という問題について、アイルランド人の起源に関する物語であるダーナ神話を取っ掛かりに、これまでの通説とそれに対する批判を整理したうえで、考古学や分子生物学など、さまざまな研究手法や立場からの議論を紹介しながら考えてみたい。

†ケルトの神話

世界の多くの民族には自らの起源を語る神話がある。だが、ケルト人の場合、神話に関する史料として、古代のケルト人が書き残したものは碑文のみである。詳しくは第4章で触れるが、その中には神々へ奉納したもの、呪詛に関するものなどがあり、多数の神々の名が伝えられている。また、神像や何らかの物語の場面らしきものを描いたレリーフなども発見されていることから、おそらく神や英雄にまつわる物語が存在したものと思われる。ただし具体的な神話や伝説などの物語を記したものは伝わっていない。

ギリシア・ローマの古典文献の中にはケルトの神話に関すると思われる、断片的なエピソードを伝えているものもあるが、情報源は明らかでなく、ケルト人自身の伝えている話なのか、ギリシア人やローマ人が創作したものなのかは分からない。

今日、ケルトの神話といわれているものは、中世のアイルランドやウェールズなどで主として修道士によって書き残された物語である。現在残されている写本は古いものでも九世紀頃のものであり、もともとのケルトの物語がキリスト教の影響により改変されていたり、中世に創作されたものである可能性があり、こちらも古代のケルト人の神話をはたしてどの程度反映したものであるかは分からない。

中世に書かれた物語のうち、アイルランドの神話は大きく四つに分類されている。一つは、トゥアタ・デー・ダナンと呼ばれる集団を中心とした神話物語であるダーナ神話、アイルランド北部のアルスターと、西部のコナハトの争いを中心にクー・フリンら戦士たちの活躍を描くアルスター物語、英雄フィンとその配下の戦士団フィアナの活躍を描くフィアナ物語、上記に分類されない、伝説上のアイルランド王の宮廷などを舞台にした歴史物語である。これらのうち、アイルランド人の起源に関するものがダーナ神話である。そこでまずはこのダーナ神話からみていこう。

†アイルランド人の起源

アイルランドの物語では、わが国の国造りの神話のような、アイルランド島がどのように形成されたか、という神話は伝わっておらず、アイルランド人の祖先がどのようにアイルランドにやってきたか、ということにまつわる物語から始まる。アイルランドの神話によると、アイルランドにやってきた最初の人間はノアの孫娘ケスィルとその仲間たちである。しかし、いわゆる「ノアの洪水」でアイルランドから去り、大洪水が収まった後、アイルランドは長らく無人のままであった。やがて、アイルランドには五つの集団が次々とやってきたとされる。なお、ケスィルとともにやってきた人物の一人がフィンタン・マク・ボーフラで、彼には変身の能力があり、大洪水の際には鮭に変身して生き延びた。その後、鷲、鷹などさまざまな動物に変身して生き延び、その後のアイルランドの歴史の生き証人となったとされる。

最初に来たのはパルトローンという指導者に率いられた集団で、ノアの洪水の三〇〇年後（物語により諸説あり）にアイルランドへやってきた人々とされる。パルトローンたちはしばらくは順調に人口を増やしていったが、やがて疫病がはやり、指導者パルトローンを含め、ほとんどの者が疫病で死亡した。パルトローンたちのうち、唯一生き残ったのがトゥアン・マク・カリルであり、トゥアンは人としての寿命を終えた後も記憶を保ったまままざまな動物に転生してアイルランドの歴史を見続け、最終的に、鮭になっていたときにカリルの妻によって食べられ、カリルの子として再び人間に転生した。そして自分の見てきたアイルランドの歴史を後世に残した。それが現在に伝わるアイルランドの神話であるともいわれる。

図1-1　フォウォレ（ジョン・ダンカン画）

次にアイルランドに来たのはネウェドに率いられた集団で、パルトローンが全滅した後、久しく無人となっていたアイルランドへやってきた人々とされる。しかし、彼らもやがて疫病で指導者ネウェドを含む多くが死亡することとなり、そのうえ、フォウォレと呼ばれる怪物たちがアイルランドに襲来し、生き残った者たちもフォウォレの横暴に耐えかね、アイルランドから逃げ出した（図1-1）。

三番目にやってきたのはフィルボルグと呼ばれる集団である。フィルはアイルランド語で「人」、ボルグは「重荷」を意味する。彼らはネウェドの末裔のうちギリシアへ逃げた人々であり、ギリシアでは差別を受け、家畜のように重荷を運ぶ作業に従事させられた。そのためフィルボルグと呼ばれるようになったという。フィルボルグはギリシアでの差別に耐えかね、再びアイルランドへ戻った。そして、フォウォレと戦い、これを打ち破ったフィルボルグは、アイルランドの西部へとフォウォレを追いやり、アイルランドを支配することとなった。

†トゥアタ・デー・ダナン

四番目にやってきたのがトゥアタ・デー・ダナンである（図1-2）。トゥアタ・デー・ダナンは、ネウェドの末裔のうちアイルランドよりも北の島々へ避難した人々であり、四つの島に分かれて暮らしていた。フィルボルグがアイルランドへ帰還したことを知ると、四つの島から一つずつ魔法の宝物を持ってアイルランドへ戻り、同族のよしみで土地を分けてくれるようフィルボルグと交渉することとなった。だが交渉は決裂し、アイルランドへの上陸を強行したトゥアタ・デー・ダナンは、マグ・トゥレドの地でフィルボルグと戦うこととなった。この戦いで勝利したトゥアタ・デー・ダナンは、フィルボルグをフォウォレたちのいる西へと追いやり、アイルランドの大部分を支配した。しかし、トゥアタ・デー・ダナンを率いていたヌアダはこの戦いで片腕を失ったことから退位し、代わりにブレスが王となった。

図1－2　トゥアタ・デー・ダナン（ジョン・ダンカン画）

ブレスはフォウォレの王エラタとトゥアタ・デー・ダナンの女性との間に生まれた、フォウォレとトゥアタ・デー・ダナンの混血であった。トゥアタ・デー・ダナンを支配するようになると、ブレスは有力者たちに重税や労役を課すなど、トゥアタ・デー・ダナンを抑圧する政策を採り、そのため、ブレスは罷免された。トゥアタ・デー・ダナンの医師ディアン・ケヒトはヌアダのために銀の義手を作り、その義手を付けたヌアダは、再びトゥアタ・デー・ダナンの王となった。

ブレスはフィルボルグの下へ逃れ、トゥアタ・デー・ダナンとフィルボルグ・フォウォレ連合軍との間で再度戦いが起こった。戦いは前回同様マグ・トゥレドで行われ、トゥアタ・デー・ダナン側は、ヌアダをはじめ多くの者が、フォウォレの王バロルの手によって倒れたが、ここで活躍したのが新たにトゥアタ・デー・ダナンに加わったルーであった。

ルーは医師ディアン・ケヒトの息子キアンと、バロルの娘エトネの間に生まれた、トゥアタ・デー・ダナンとフォウォレの混血であった。トゥアタ・デー・ダナンとフォウォレが敵対している状況では、どちらの親元でも育てることができず、フィルボルグに養子に出され、女王タルティウの下で育てられた。

成長したルーはタラにあったヌアダの王宮へ赴き、王宮へ入ろうとしたところ、門番に止められ、どのような技術を持っているか尋ねられた。ルーは、詩、鍛冶、武芸、魔術などさまざまな特技を挙げるが、そういった技術を持っている者はすでにいると断られた。そこでルーが、それらすべてを兼ね備えている者はいるかと聞くと、門番は納得してルーを通し、ルーはトゥアタ・デー・ダナンのメンバーとして受け入れられたという。

第二次マグ・トゥレドの戦いでルーはヌアダの後を継いで、トゥアタ・デー・ダナンを率い、ブレスの父エラタを討った。フォウォレの王バロルは見たものを石にする巨大な魔眼を持つ隻眼の怪物で、普段は瞼を閉じており、戦いの際にはフォウォレ四体で瞼を持ち上げたといわれる。ルーは、バロルに正面から相対するのを避け、後ろから石を投げると、石は後頭部を貫いてバロルの魔眼を潰し、トゥアタ・デー・ダナンを勝利に導いた。こうして激戦を制したトゥアタ・デー・ダナンがアイルランドを支配した。なお、ブレスは、農耕をトゥアタ・デー・ダナンに教えることで赦免されたとも、ルーによって討たれたとも伝えられる。

†ミールの息子たち

最後にやってきたのはミールの息子たちである。これはもともとエジプトの将軍であったミールの一〇〇人の息子たちである。ミールはあるとき夢でお告げを受け、アイルランドの征服を目指すことになった。スペインを征服したところで、ミールは力尽きたが、息子たちは父の悲願を叶えるべく、スペインからアイルランドへ侵攻した。トゥアタ・デー・ダナンは魔術に長けた人々であったので、予知の力でミールの息子たちの動向を察知すると、海を荒らし、船が渡れないようにした。だがミールの息子の一人アワルギン・グルーンゲルもまた、魔術に長けた人物であり、詩の力によってトゥアタ・デー・ダナンの妨害を排除し、兄弟をアイルランドへと導いた。

トゥアタ・デー・ダナンとミールの息子たちは、タルティウの戦いで激突した。ちなみに、このタルティウの地は、ルーの養母タルティウが葬られたことにちなんで名づけられた地名である。ミールの息子たちはこの戦いでトゥアタ・デー・ダナンを打ち破り、アイルランドを支配した。このとき、トゥアタ・デー・ダナンの女王エーリウは、アワルギンに自分の名前を島につけるよう依頼し、エーリウにちなみアイルランド島はエーラという名で呼ばれることになったという。こうしてスペインからやってきたミールの息子たちが現在のアイルランド人の祖先となり、敗れたトゥアタ・デー・ダナンは、地下へ逃げ、異界の人々、すなわち妖精になったとされる。

†ダーナ神話の原形

このアイルランド人の起源にまつわる物語がいつごろ作られたのかは明らかでないが、現存する最も古いヴァージョンでは、パルトローンたちもネウェドたちもスペインから到来したことになっている。これは、おそらくウェールズ人の聖職者と思われる、ネンニウス（九世紀頃）が著した『ブリトン人の歴史』に残されているもので、この書物はローマ人やゲルマン人が到来する以前のブリテン島土着の人々の歴史を扱ったものだが、本筋から脱線してアイルランド人の起源について説明している箇所があり、そこには次のような記述がある。

最初にパルトロムスが、男と女を含む一〇〇〇人の人々とともにやってきて、四〇〇〇人まで増えた。疫病が彼らを襲い、一週間ですべての者が死に、一人も残らなかった。二番目にアグノマンの息子ニメトがアイルランドへやってきた。彼は一年間航海して、船が難破したので、アイルランドへ上陸したと言われている。数年間その地にとどまり、再び仲間とともに航海し、スペインへ戻った。その後、スペインの戦士の三人の息子が三〇隻の船でやってきた。

『ブリトン人の歴史』はラテン語で書かれているので、アイルランド語とは少し名前が異なっているが、パルトロムス（パルトローン）、ニメト（ネウェド）、戦士の三人の息子（ミールの息子たち）という三つの集団がアイルランドに到来したことになっている。『ブリトン人の歴史』は、後にアイルランド語版も作られ、そこでは、ネウェドとミールの息子たちの間に、フィルボルグやトゥアタ・デー・ダナンの記述が追加されているが、ラテン語版にはない。おそらくもともとはパルトローン、ネウェド、戦士の息子という三つの集団がアイルランドに到来する物語だったのであろう。

ちなみにダーナ神話で最初にアイルランドにやってきたとされるケスィルは、ローマの将軍カエサルのアイルランド語読みである。カエサルのブリテン島遠征から着想を得て、その名前を借り、アイルランドの神話を聖書と関連づけるために、ノアの子孫としたものであろう。つまり、後からケスィルとフィルボルグ、トゥアタ・デー・ダナンが加えられ、六つの集団とされたものと思われる。

また、「戦士」と訳したのは「ミーレス」というラテン語だが、その際にラテン語のミーレス（戦士）が、固有名詞と解釈されたのか、あるいは適当な名前が思いつかずそのまま父親の名前とされたのか、いずれにせよ、戦士の息子たちがミールの息子たちと変換されたのであろう。そして、このような物語の改変には、キリスト教の影響が働いていたのではないかと考えられる。

†アウグスティヌスの六時代区分論

中世のキリスト教では人類の歴史を人生になぞらえて六つの時代に区分する六時代区分論と呼ばれる考え方が広く知られていた。これはアウグスティヌス（三五四―四三〇）が『神の国』で提唱しているもので、

(1)幼年期　アダムからノアの洪水まで
(2)少年期　ノアの洪水からアブラハムまで
(3)思春期　アブラハムからダビデ（紀元前一〇〇〇年頃）まで
(4)青年期　ダビデからバビロン捕囚（紀元前六世紀）まで

(5)壮年期　バビロン捕囚からキリスト生誕まで
(6)老年期　キリスト生誕以降の時代

とするものである。この六時代区分論は、セビリャのイシドルス（五六〇頃―六三六）、ベーダ（六七二―七三五）などキリスト教の著作家に継承され、中世のキリスト教徒の歴史観に大きな影響を与えた。

ここで挙げたアウグスティヌス、イシドルス、ベーダらの著作は中世のアイルランドでもよく読まれていた書物であり、神話を書き記した者は、キリスト教の修道士であったと思われるから、この六時代区分論についても知識を持っていたであろう。そこで、アイルランドの（神話的な）歴史をキリスト教的な六時代区分に合わせるため、フィルボルグやトゥアタ・デー・ダナンの話を付加したのではないだろうか。

2　通説とケルト否定論

†ブリテン諸島への到来

それでは神話ではなく、実際のアイルランド人の祖先はどのような人々なのだろうか。

二〇世紀後半までは、ローマ人到来以前のブリテン諸島の人々については、ケルト人が二派に分かれて到来したと説明されてきた。まず、紀元前九〇〇―七〇〇年頃、ケルト人の第一波がブリテン諸島に到来したとされる。彼らは後にゲール人と呼ばれるようになった人々で、ブリテン諸島に鉄器文化をもたらし、アイルランド人やスコットランド人の祖先となり、彼らの言語が後にアイルランド語となった。

その後、紀元前四〇〇―二〇〇年頃、ケルト人の第二波がブリテン諸島に到来した。彼らは後にブリトン人と呼ばれるようになり、ブリテン島の名前は彼らにちなんだものとされた。ウェールズ人やコーンウォール人の祖先となったのはこの人々である。

さらに、紀元前一世紀頃、ベルガエ人がブリテン島に到来した。ベルガエ人は現在のフランス北東部からベルギー、オランダのあたりに住んでいた人々で、ブリテン島南部に王国を建て、貨幣の使用など、当時の最新の大陸の文化をブリテン島に導入した。その後、イングランドとウェールズは一世紀にローマ帝国の支配下に入ったが、ケルト人の文化はローマ支配下でも存続し、中世以降にも継承されていったとされてきた。

†ケルト人についての通説

次に、ブリテン諸島に到来したとされているケルト人について、二〇世紀半ばまでに通説とされていたところをみておこう。

ケルト人はいわゆるインド＝ヨーロッパ語族に属す人々とされる。インド＝ヨーロッパ語族は、もともとウクライナからロシア南部のあたり、カスピ海やアラル海の北のあたりに住んでいた人々と考えられている。そのうちのドナウ川上流域、現在のオーストリアからドイツ南部、チェコなど中央ヨーロッパに住み着くようになった者たちの話していた言語が、時代がたつにつれて変化していき、「ケルト語」となったとされる。この「ケルト語」を話すケルト人がいつ頃出現したのかは分からないが、考古学的にはその最古の痕跡はハルシュタット文化であるとされた。

†ハルシュタット文化

ハルシュタット文化は、紀元前一二〇〇―五〇〇年頃に中央ヨーロッパから西ヨーロッパで栄えた文化で、AからDまでの四期に区分されている。このうち前半のA期とB期は青銅器文化であり、C期（紀元前八〇〇年頃）からが鉄器文化となる。このハルシュタットC期からがケルト人の文化であり、ケルト人はヨーロッパの鉄器文化の担い手とされた。なお、ハルシュタット文化という名前は、オーストリア西部の町ハルシュタットにちなむものである（図1-3）。ハルシュタットは周りを山で囲まれた湖のほとりにある町だが、周囲の山には岩塩の鉱山があり、一八四六年、鉱山の管理官であったゲオルク・ラムザウアーによって、ケルト人の墓が発見された。現在ではユネスコの世界遺産にも登録されている。

ケルト人は早くから、イタリア半島中部に住んでいたエトルリア人やギリシア人など、地中海の人々と交流を持っており、地中海の文化を取り入れながら、自分たちの文化を発展させるとともに、ドナウ川流域から勢力範囲をヨーロッパ各地へと広げていった。ケルト人に関する文字による記録が現れるようになるのは紀元前五世紀以降のことであるため、詳細は不明だが、ハルシュタット文化期の間に、ケルト人は西はブリテン諸島やイベリア半島にまで広がった。そして紀元前五世紀頃には、ハルシュタット文化の特徴を受け継ぎながらも、より洗練された文化が現れてくるようになった。この文化がラ・テーヌ文化と呼ばれている。

図1－3　ハルシュタット（1899年）

†ラ・テーヌ文化

ラ・テーヌ文化は、ハルシュタット文化の後、紀元前五〇〇年頃からローマ帝国によって征服されるまで栄えた文化である。ラ・テーヌ文化の名前も最初に発見された遺跡にちなんで名づけられたもので、一八五八年、スイスのヌーシャテル湖の水位が下がり、湖畔のヌーシャテルで地元の郷土史家がケルト人の遺物を発見した。

この時期には、ケルト人は、北イタリアやバルカン半島、東ヨーロッパ、さらにはアナトリア半島にまで進出し、紀元前三世紀には西はブリテン諸島やイベリア半島から、東は現在のトルコ内陸部まで、北欧とイタリア、ギリシアを除くヨーロッパの大部分に勢力を拡大していた。伝えられるところによると、紀元前三九〇年頃には、一時期ローマを占領した（第5章参照）。その後もケルト人はしばしばイタリア中部へ進出し、ローマと争ったようだが、諸史料の記述の齟齬が大きく、詳細は明らかでない。

紀元前二七九年にはギリシアのデルフォイへ侵攻し（第6章参照）、さらにアナトリア半島内陸部にも進出しガラティア王国を建国した。しかし、紀元前三世紀以降、ローマがイタリアを統一して地中海の制覇へ乗り出すと、ケルト人はローマによって征服されていくこととなった。

紀元前二二五年、ケルト人はローマを目指して進軍したが、テラモンの戦いで敗北すると、三年後の紀元前二二二年には、北イタリアにおけるケルト人の中心地であったメディオラヌム（現ミラノ）がローマによって攻略された。紀元前二世紀半ばにはルシタニア戦争とケルトイベリア戦争で相次いで敗れ、スペインの大部分がローマに征服されると、紀元前二世紀後半には現在の南仏に相当するガリア南部がローマの属州となった。そして、紀元前五八年に、カエサルがその属州ガリアの総督となると、残りのガリアへ遠征を行い、紀元前五〇年までには全ガリアがローマの支配下に入った。そして、一世紀にはブリテン島の南部がローマの支配下に入り、スコットランドとアイルランドを除いて、ケルト人はローマの支配下に入った（表1－1）。

†ケルト的辺境

ローマ支配下で、ケルト人は次第にローマの文化や習慣を受け入れ、ローマ化し、自分たちの文化や言語を失っていった。しかし、四一〇年、西ゴート族のイタリア侵攻に備え、ブリテン島に駐屯していたローマ軍が撤退すると、ブリテン島ではケルト人の勢力が復活した。五世紀半ば以降、アングル族やサクソン族など、ゲルマン人が到来し、イングランドはゲルマン人に征服されるが、一部のケルト人は、ウェールズやコーンウォールから対岸のブルターニュ半島に移住し、ブルターニュをケルト化した。

こうして、アイルランドとスコットランド、マン島、ウェールズ、コーンウォール、ブ

前800-650年頃	ハルシュタットＣ期 この頃ガリアやイベリア半島、ブリテン諸島にもケルト人が進出？
前650-500年頃	ハルシュタットＤ期
前500年頃	ラ・テーヌ文化の隆盛
前４世紀頃	北イタリアへ進出
前390年頃	ローマ占領
前367年	ケルト人傭兵に関する最初の記録 以降ケルト人の傭兵活動が活発に
前335年	アレクサンドロス大王に使者を派遣
前295年	センティヌム（北イタリア）の戦いでローマに敗北
前279年	デルフォイ侵攻
前278年	ガラティア王国建国
前277年	テュリス王国建国
前225年	テラモンの戦い
前222年	メディオラヌム陥落
前212年	テュリス王国滅亡
前155-139年	ルシタニア戦争
前153-133年	ケルトイベリア戦争
前121年	ガリア南部がローマの属州に
前58-50年	カエサルのガリア遠征
前26-19年	カンタブリア戦争
前25年	ガラティア王国がローマの属州ガラティアに
43年	属州ブリタンニア設置
78-83年	属州ブリタンニア総督アグリコラのスコットランド遠征
410年	ローマ軍、ブリテン島を放棄
449年	サクソン人がブリテン島に襲来

表１-１　ケルト関連年表

ルターニュでは中世以降もケルト文化が存続していった。これら六つの地域は「ケルト的辺境（ケルティック・フリンジ）」と呼ばれている。

†ケルトに対する疑念

以上がケルトに関する通説である。ところが、二〇世紀後半になるとこのような通説に対して次第に疑念が呈されるようになった。その発端となったのは、文学研究である。一九六〇年代頃まで、中世のアイルランドやウェールズで修道士によって書き残された物語は、古代のケルト人が口承で伝えてきたものを書き残したものだとされてきた。ただし、これらの物語の中には、ときどきキリスト教的な記述が現れている。それらは本来キリスト教の著作を書写すべき修道院において、異教の物語を書いていることを、修道士がカモフラージュするために挿入したものだと考えられてきた。しかし、二〇世紀の後半に入ると、じつは写本を製作した修道士の主たる目的はキリスト教的な記述のほうで、物語はキリスト教の教えを飽きずに読ませるために修道士によって創作されたものである、という説が唱えられるようになった。

その際に修道士がまったくのゼロから物語を創作したのか、それとも子どものころに聞いた話や語り伝えられていた物語などからインスピレーションを得ていたのかは分からないが、少なくとも口伝えで語り伝えられてきた物語をそのまま書き留めたものではないと考えられるようになった。そして、中世に書かれた物語が口承を書き留めたものではなく、修道士の創作物であるなら、物語以外の、それまで古代のケルト文化を受け継いで発展させたものと考えられていたさまざまな文化についても同様の可能性があるのではないかと疑われるようになった。その結果、中世以降の「ケルト的辺境」の文化が古代のケルト文化を継承したものであるという考え方自体にも疑念が呈されるようになっていく。

さらに、もしも中世の「ケルト的辺境」の文化が、古代のケルト文化を継承したものではないのなら、そもそもケルト人は本当にブリテン諸島にやってきたのか、という疑問すら生じるようになった。一九八〇年代から一部の考古学者たちは、ブリテン諸島には従来言われていたようなケルト人の大規模な移住はなかったという説を唱え始め、さらに「ケルト人」という存在自体がギリシア人やローマ人が勝手に名づけ、レッテル貼りしたものであり、そのような文化的一体性を持った集団は実際には存在しなかったという説も現れるようになった。

†ケルト否定論

このような批判を行った先駆者の一人がイギリスの考古学者ジョン・コリスである。コリスは、ギリシア人やローマ人がどのような判断基準で「ケルト」という言葉を用いていたか不明であり、彼らのケルトの定義は曖昧で、ケルト人の起源や分布に関しても明らかでないこと、ギリシア・ローマの古典文献の記述に基づく古代ケルト人の分布と、ケルト人の美術様式とされるラ・テーヌ美術の分布やケルト語碑文の分布などが部分的にしか一致しないことなどから「ケルト人」の存在に疑念を呈している。そして、「ケルト」を巡る問題を考察するには、「ケルト」の研究史を押さえる必要があるとした。

この点について、コリスは、ギリシア人やローマ人はブリテン島の人々を「ブリタンニア人」と呼んでおり、「ケルト」とは称しておらず、「ケルト」と呼ばれているのはガリアなど大陸の人々だけであると主張した。さらに、ブリテン島の居住者に対しても「ケルト」という呼称が適用されるようになるのは、一六世紀の人文主義者ジョージ・ブキャナン以降のことであり、ケルト人をケルト語を話す人々であると定義するようになるのは、一七世紀、ブルターニュ出身の修道士ポール・ペズロン以降のことだという。したがって、ケルト語を話すケルト人がブリテン諸島を含むヨーロッパの大部分に広がっていたという考え方は、一六―一八世紀に創造されたものであり、考古学や古代の歴史に基づいたものではないという。

コリスやその賛同者の説は、英語では「ケルト・スケプティシズム（ケルト懐疑論）」と呼ばれているが、本書では分かりやすく「否定論」と呼んでおこう。コリス自身は、自分は否定派ではないとしているが、コリスの主張は否定派の人々に受け入れられた。そして、否定派の人々は、「ケルト的辺境」、特にブリテン諸島の人々をケルト人とみなす、いわゆる「島のケルト」論はジョージ・ブキャナンによって捏造されたもので、イングランドに対し、独自のアイデンティティを求める「ケルト的辺境」や、あるいは大陸に対する独自性を求めるイングランドなど、近代の政治的意図によって広められたという。

さらに従来の説が広く受け入れられた背景には、鉄器時代の研究者たちが「ケルト」を積極的に利用していったことも影響しているという。つまり、鉄器時代の遺跡は、住居跡やゴミ捨て場の跡など地味なものが多く、ストーンヘンジに代表される新石器時代の巨石建造物のようなモニュメンタルな遺跡がないため退屈であり、鉄器時代研究を面白くするために、壮大なストーリーとして「ケルト」を利用していった、というのである。

また、二〇世紀後半に「ケルト」に対する批判が現れてきた背景には、一九八〇―九〇年代、音楽を中心にケルト・ブームが起こり、世界的なケルト人気が高まったことや、EU統合の推進に伴い、その象徴として、ケルト人は「最初のヨーロッパ人」と位置づけられ、ケルトが注目されるようになったことが挙げられる。注目が集まった結果、ケルトに関する研究が進展し、通説のさまざまな問題点が明らかにされていったのである。そして、特にケルトをめぐる論争が学界だけでなく広く知られるようになったきっかけは、一九九九年、大英博物館の研究員（当時）のサイモン・ジェームズが『大西洋のケルト人』を出版したことだろう。この本はイギリスの新聞書評などでも大きく取り上げられて話題になり、ケルト擁護派と否定派による論争がそれまで以上に活発に行われることとなった。

†ケルトをめぐる論争

イギリスの考古学界では、一九八〇年代前半からコリスらが、上記のようなケルトに対する疑念を学会発表などで主張し始めた。当初はこれらの主張はほとんど受け入れられなかったが、若手の研究者を中心に次第に支持者が増えていった。八〇年代後半、ニック・メリマンらが、「ケルト」というのは、他の集団から区別するために、ギリシア人やローマ人によって与えられたラベルに過ぎず、「ケルト」という集団の存在は、分類に便利なように外部からの観察によって押しつけられたものであると主張するに至り、ケルトをめぐる議論が活発になっていった。この議論において、特に問題となったのは、「ケルト」という集団が存在したのかどうか、存在したとしてケルト人はブリテン諸島へやってきたのかどうか、といった点である。

この論争では、『ケルト美術』の著書があるミゴー夫妻、当時オックスフォード大学の考古学教授であったバリー・カンリフなどが、旧来の説の代表格とみなされた。九〇年代になると、ミゴー夫妻は、「ケルト」とは外部から押しつけられたラベルに過ぎない、という否定派の主張に対して、ケルト人のアイデンティティの観点から反論した。ミゴー夫妻は自分たちの友人であるアボリジニーの女性を例に出し、アイデンティティには多重性があり、置かれた状況やコンテクストによって異なるものであると主張した。このアボリジニーの女性の場合、イギリスでは「オーストラリア人」というアイデンティティが前面に現れ、オーストラリアでは「アボリジニー」というアイデンティティが前面に現れる、といった具合である。ケルトについても同様であり、例として、『ガリア戦記』に登場するケルト人の指導者ウェルキンゲトリクスを挙げ、そのアイデンティティの多重性を、外部の観察者であるカエサルの記述に基づきながら示すことによって、否定派の見解に反論した。

さらに、ミゴー夫妻はケルト否定論について、EU統合の進展に刺激された、イングランドの伝統的な反大陸的な感情、および、当時ブレア政権によって進められたイギリスの地方分権により、アイルランド、ウェールズ、スコットランドなどへの支配権を失いたくないという、イングランドの政治的動機から出たものであるとも主張したが、この主張は否定派から徹底的に批判されることになった。このように、次第に両者の主張は、古代のケルト人のアイデンティティから離れ、感情的にヒートアップしていった。そして、ちょうどこのような時期に『大西洋のケルト人』が出版され、考古学以外の分野の研究者たちの間にも波紋を呼び、論争に巻き込んでいくことになった。その結果、従来の通説の問題点が明らかになったことや、一六―一九世紀に出版されたケルト関連の資料が復刻され参照が容易になったことなどの利点はあったものの、方法論や史料・資料の異なる分野の研究者たちによる論争は必ずしも十分に嚙み合っていたとは言い切れず、平行線になることもしばしばであった。

†ケルト語の扱いをめぐる相違

ケルト人がブリテン諸島へやってきたのかどうか、という点について、特に見解が分かれるのは言語の扱いである。ブリテン諸島では、アイルランド語やウェールズ語など、いわゆるケルト語派の言語が存続しており、ガリア語やケルトイベリア語など、大陸でローマ以前に用いられていた言語も同じケルト語派の言語だと考えられている。アイルランド語やウェールズ語がロマンス語でもゲルマン語派の言語でもない以上、ローマによる征服以前からブリテン諸島で用いられていた言語であると考えられるだろう。否定派の考古学者たちが主張するように、もしもケルト人がブリテン諸島へ来なかったなら、これらの言語はどのようにしてブリテン諸島で用いられるようになったのであろうか。

考古学者たちは、人の移動がなくても、土器や金工品などの遺物と同様に言語も伝播しうると主張している。しかし、実際にそのようなことが起こりうるのか、他の分野の研究者からは十分な賛同が得られていない。

たとえば、我々は古代の日本が中国や朝鮮半島など大陸から、文字を含むさまざまな文物を受容していったことを知っている。そして、公式の文書が漢文で書かれ、定期的な人的交流もあったにもかかわらず、日本語が中国語に取って代わられることはなかった。あるいはヨーロッパ列強の旧植民地においては、スペイン語やフランス語などヨーロッパの言語と現地の言語が混成した、ピジン語やクレオール語と呼ばれる言語が現れた。このような例は、たとえ相手との政治的文化的格差が大きく、その文化に憧れなどを抱いており、少数の人間の移動や交流があったとしても、自分たちの言語を捨て、相手の言語を取り入れる、というようなことはきわめて希少なケースであることを示している。はたして鉄器時代のブリテン島の人々にとって、ヨーロッパ大陸の文化は、古代の日本人にとっての中国文化以上に魅力的なものだったのだろうか。結局、このような問題があり、ケルトをめぐる議論は決着がつかないまま二一世紀に持ち越されることとなった。

3　矛盾する証拠

†分子生物学の援用

二一世紀になると、分子生物学の研究が進展し、人類学や歴史学、考古学にも応用されるようになってきた。近年ではケルトをめぐる問題にも適用されるようになってきており、二〇〇七年に出版されたブライアン・サイクスの『サクソン人、ヴァイキング、ケルト人――ブリテン島とアイルランドの遺伝的起源』や、二〇〇六年に出版されたスティーブン・オッペンハイマーの『イギリス人の起源』では、現在のアイルランドやブリテン諸島の人々のDNAを、ケルト人の原住地とされるオーストリアなど中央ヨーロッパの人々のDNAと比較することで、中央ヨーロッパからブリテン諸島への人々の大規模な移動があったのかどうか検討している。

彼らの研究によると、アイルランドやブリテン諸島の人々の遺伝子は、オーストリアよりも、スペインなど南ヨーロッパの人々と共通した特徴がみられるという。否定派の人々はこれを自分たちの考えを裏づけるものと解釈している。それに対し、一部の擁護派の人々は、これはケルト人が原住地のオーストリアから直接ブリテン諸島に来たのではなく、ガリア、スペインと勢力を広げていき、スペイン経由でアイルランドへ到来したことを示していると解釈し、従来のブリテン諸島へのケルト人の移住という枠組みを擁護しようとしている。

実際、ケルト人がスペイン経由でブリテン諸島へ到来した、という考え方は、近年の論争の中で初めて現れてきたものではなく、一六世紀の人文主義者ジョージ・ブキャナンなどによっても唱えられていた説である。そこで、アイルランド人の祖先がスペインから移住してきたという、第1節で紹介したような神話との関連が注目されるようになってきている。

その一方で、二〇一〇年代以降、フランスやスペインなどヨーロッパ大陸のほうでも、鉄器時代の人々のDNAの解析が行われるようになってきている。それらの研究では、フランス北部の人々とブリテン島の人々のDNAが高い割合で一致し、またフランス南部と中央ヨーロッパの人々の遺伝子が共通点が多い、といった指摘がなされている。さらにスペインのケルトイベリアの遺伝子がフランス南部の人々のものと一致するという研究もある。

これらの研究成果からは、フランスからブリテン諸島への移住があった可能性が示されており、さらに、中央ヨーロッパから南フランス経由でスペインへという移動の流れがあった可能性も示唆されている。これが正しければ、結局従来の説が正しかったということになるのかもしれない。もっとも、これらの研究はまだサンプル数が限られているため、どこまで一般化できるのか、といった課題があり、現状では可能性があるという段階にとどまっている。

このように、分子生物学の研究によっても、従来の通説を支持する見解と否定する見解とが打ち出されており、まだケルトをめぐる議論は擁護派、否定派ともに決定打がない状況といってよいだろう。

†アフィントンの白馬

同様のことは考古学にも当てはまる。たとえば、ブリテン島南部には巨大な地上絵が存在している。ブリテン島南部の地層は、表土のすぐ下に石灰岩層があり、芝や土壌を削り、その下の石灰岩層を露出させることで、巨大な絵を描いたものである。アフィントンの白馬とサーン・アッバスの巨人が代表的なもので、そのほかの絵のほとんどは、アフィントンの白馬などを基に、近代に描かれたものであるが、この二つは、ケルト人が描いたものと言われてきた。ケルトの概説書ではしばしばブリテン島に残る代表的なケルトの遺産として、写真入りで紹介されてきたもので、ブリテン島のケルトの遺跡と聞けば、これらの絵を思い浮かべる人も多いだろう。

サーン・アッバスの巨人は、全長五五メートルで、棍棒を持った姿で描かれた巨人像である（図1－4）。ガリアやアイルランドで棍棒を持った神像が発見されていることから、それらと同様の神を描いたものと考えられてきた。しかし、近年の調査では石灰の組成が、古代のものではなく、中世のものと一致するという指摘がされており、従来考えられていたよりも新しく、おそらく七〇〇―一一〇〇年頃に、ケルト人ではなく、アングロ＝サクソンによって制作されたという説が提唱されている。

図1－4　サーン・アッバスの巨人

一方、アフィントンの白馬は、全長一一〇メートルの馬の絵で、イギリスの児童文学者ローズマリー・サトクリフが、『ケルトの白馬』という小説で取り上げていることでも知られている（第1章章扉図版参照）。こちらは、今のところ従来の青銅器時代の末期から鉄器時代初期に描かれたという説を覆すような新たな発見はなく、ケルトのコインに描かれた馬の表現との類似から、部族のシンボルとして描かれたものと推測されている。このように、考古学もケルトをめぐる議論の決定打を欠いている。

†遺伝子研究の問題点

このように、分子生物学の研究からも、考古学的知見からも、ケルト人とは何者なのか、ブリテン諸島まで来たのかという問題について、決定的な答えが出ていないというのが現状である。だが、そもそもDNA解析を援用すること自体に問題がひそんでいることも忘れてはならない。DNA分析はあくまでも人の移動を扱うものであるが、これを重視すぎてしまうと、あたかもケルト人が遺伝子によって定義されるような誤解を招くことにもなりかねない。だが、民族あるいはエスニシティというのは、遺伝子のみによって規定されるものではない。こうした分子生物学を援用する際の問題点や、ケルト人の定義については、いったん「ケルト」のさまざまな面をみた後、本書の末尾で改めて取り上げることにしよう。

ここではさしあたって次のように考えることにしたい。ケルト人が居住していたといわれる地域（東はアナトリア半島から西はアイルランドやイベリア半島まで）に関して、(1)遺伝子分析により、ローマ時代以前の人の移動の流れが明らかにされ、(2)それが言語資料や物質文化の分布とリンクされ、文化の伝播過程をつまびらかにすることができれば、そしてその結果として、(3)共通の制度や価値観、宗教など、共通の文化を持った集団が存在していたことが確認されれば、「ケルト人」は存在したと考えられるだろう。もしそれが確認できなければ、存在しなかったということになるのではないだろうか。こうした視点からみたとき、ケルト人をめぐる研究はどこまで進んでいるのか。次章ではとりあえず、ブリテン諸島と大陸との文化的同一性という点について、ギリシア・ローマの古典文献でのケルト人についての記述とアイルランドの神話を題材に考えてみたい。

コラム

ケルト人の外見

シチリアのディオドロスが伝えるところによると、ケルト人の容貌は、背が高く、筋肉は盛り上がり、肌は白かった。髪は金髪で、あごひげは剃る者も生やしておく者もおり、生まれの良い者はほおひげを剃るが、口ひげは生やしていた。ヘレニズム期からローマ時代には、ケルト人を描いた像も作られた。カピトリーノ美術館所蔵の「瀕死のガリア人」やローマ国立博物館所蔵の「自害するガリア人」などが特に有名である（図1-5）。もともとは着色されていたのかもしれないが、現在では色が残っていない。そのため、髪の色などは確認できないが、ひげに関して、ほおひげを生やした姿で描かれている像もあることを除けば、これらの像は、おおむねディオドロスの記述と一致する。もっとも、製作者はギリシア人やローマ人であるから、単にステレオタイプ化されたケルト人のイメージが広まっていただけなのかもしれない。

イギリスやアイルランドなど北西ヨーロッパでは、泥炭地から数千年前の死体が発見されることがある。これらは英語で「ボグ・ピープル」と呼ばれており、鉄器時代のものと思われるものもある。最も有名なものは、大英博物館に展示されているリンダウ・マンであろう。一九八〇年代に考古学者や法医学者などによる解剖調査が公開で行われ、その様子は映像にも残されている。これら泥炭地から発見された当時の人の遺体は泥炭の圧力でぺしゃんこに押しつぶされてはいるものの、いわばミイラ化したかたちで遺体が保存され、胃の中の内容物から最後に食べた食事が明らかになるなど、貴重な情報を与えてくれる。

図1-5　瀕死のガリア人

リンダウ・マンは、おそらく何らかの宗教儀礼による生贄《いけにえ》だと考えられている。生前の顔の復元では、髪は金髪ではなく、黒髪で、口ひげ、ほおひげ、あごひげ、すべて生やした姿になっている。アイルランドなどで発見されたボグ・ピープルも、復元された顔では髪は黒や茶になっている。遺伝子分析などで髪の色素分析が行われた結果なのか、単に現代のブリテン諸島の人々の髪の色からの推測なのか分からないが、必ずしも金髪とは考えられていないようである。

ケルト人の普段の服装は、袖つきで股くらいの丈のシャツを着、その上には羊毛の上着をはおっていた。下はズボンで、外出時はさらに上から外套《がいとう》をはおり、当時はボタンが発明されていなかったため、フィブラと呼ばれる大型の安全ピンのような装身具で前を留めていた。

首には黄金のトルク（首環）を付け、そのほかに腕輪や足環を付けたりもしていた（図1-6）。また、場合によっては衣服にも黄金をちりばめたとされる。眠るときはベッドではなく地面の上に藁《わら》などを敷いて寝ていた。また、おそらく服装は起きているときと同じで、パジャマのような寝るための服装というものはなかったようである。

ケルト人の戦士は、これもディオドロスによると、色とりどりに細工したり、動物の像のついた長い大盾、動物の角や頭部を模した飾りのついた兜《かぶと》、鉄の鎖で編んだ鎧《よろい》、

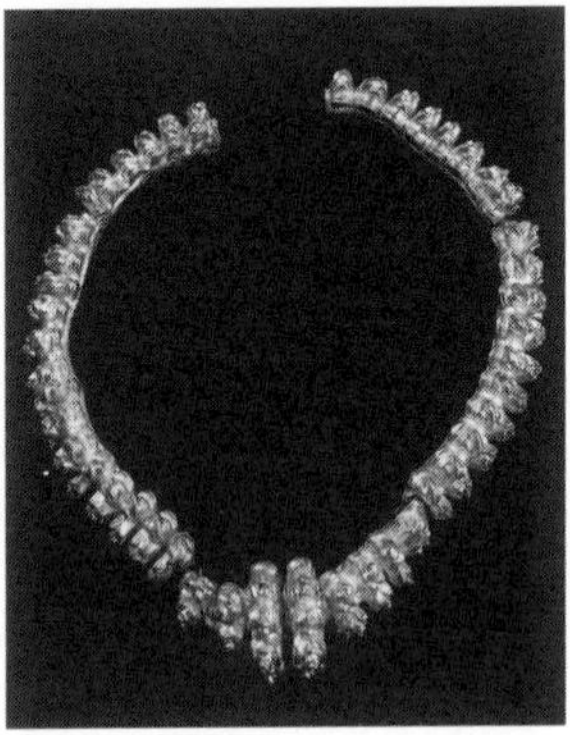

図1－6　黄金のトルク

縞模様や花柄の軍衣、幅広の長剣、投槍などを身に着けていた。ストラボン（紀元前一世紀）によれば、そのほかに弓矢や投石機も使用していたとされる。剣は他の民族の投槍ほどの長さで切るのに適しており、突くには不向きであったとされる。槍は、穂先が各地で発見されているが、穂先は鉄製で約九〇センチ、柄の部分も含めれば、全長二五〇センチほどになったと思われる。

ケルトの戦士の出で立ちは、目立つ兜や派手な衣服に加え、さらにトルクや腕輪などの装身具を身に着けたものであった。おそらくタトゥーやボディペイントもしていたであろう。このような派手な装いをしていたのは、武勲を認めさせるには目に付く装いが必要であったためかもしれない。

第２章
宴と決闘

テラコッタに描かれた、決闘と思われる場面（スペイン・ソリア、ヌマンティア博物館蔵）

1 ケルトをめぐる古典文献

前章では、アイルランドの神話のうち、ダーナ神話を取り上げ、ケルト人の起源をめぐるさまざまな議論をみてきた。本章では、それに続いてアルスター物語の中から「マック・ダトーの豚」を導入として、そこに描かれている文化や風俗に注目しつつ、古代ケルト人の文化や風俗との関係を考えていこう。だが、前章でも触れたように、中世に書かれたアイルランドの物語が、古代ケルト人の生活をどの程度反映しているかは、慎重に吟味する必要がある。

†民族誌的記述のはじまり

古代のケルト人に関して豊富な情報を与えてくれるのは、ギリシア・ローマの古典文献である。本書でも以降たびたび触れることになるだろうから、ここでケルト人について言及している史料にどのようなものがあるのか簡単にみておこう。断片的な記述や、散逸した作家の断片を保存しているものなどまで網羅しようとすれば、その数は枚挙にいとまがない。

ケルト人についての最古の記述は、紀元前六世紀から五世紀のギリシアの歴史家ヘカタイオスなどの記述に遡ることができるといわれているが、ヘカタイオスの著作は現存せず、後世の著作家による引用でわずかに知られるのみである。現存する最古の記述は、ヘロドトスによるもので、ケルト人がイストロス川（現ドナウ川）の源流に住んでいる民族として名前が挙げられているに過ぎない。おそらく、紀元前五世紀頃まではギリシア人にとってケルト人は西方の辺境に住み、ときどき交易を行う相手という程度の認識に過ぎなかったのであろう。

紀元前四世紀、ケルト人が東方、特にバルカン半島へと進出してきたことによって、ギリシア人のケルト人への関心も高まってきた。そしてこの頃からケルト人についての民族誌的な記述もなされるようになってくる。紀元前四世紀後半の歴史家ティマイオスは、ケルト人がポリュペモスとガラテイアの子孫であるという、ギリシア神話と関連させた起源神話を記述していたといわれる（第5章参照）。しかし、この時代のケルト関連の著作はすべて散逸してしまい、後世の著作家によって引用された断片が伝わるのみのため、真偽のほどは確認できない。

紀元前四世紀の哲学者プラトンやアリストテレスの著作にも、ケルト人が勇敢な人々であるとか、酒好きであるとかいった、断片的ではあるものの、民族誌的記述がみられる。またケルト人を指すのに「ケルトイ」だけでなく「ガラタイ（ガリア人、ガラティア人）」という言葉が用いられ始めるのもこの時期であり、現存する初出はアリストテレスである。そのほか、クセノポンの『ギリシア史』にはシチリア島でケルト人傭兵が雇われていたという記述がある。この時期にケルト人に関する記述が増えてくるのは、傭兵としてケルト人が雇われるようになり、ケルト人がより身近な存在になったためかもしれない（第6章参照）。

紀元前三世紀のケルト人のデルフォイ侵攻と小アジアでのガラティア王国の建国によって、ギリシア人にとってケルトは恐怖の的となった。特にガラティア王国との頻繁な交戦は、歴史家たちに素材を与えることとなり、ヘレニズム時代にはケルト人を題材にした文学作品が著されたといわれているが、この時代のケルト人に関する著述も、ほとんど失われてしまい、詳細を知ることはできない。

✝ポリュビオス

ヘレニズム時代のケルト人に関する記述でほぼ唯一現存するのは、ギリシアのメガロポリス出身の歴史家ポリュビオスの『歴史』である。ポリュビオスの『歴史』は全四〇巻で、紀元前二二〇年から一四六年までを扱っていたといわれるが、現存するのは五巻までで、そのほかに一八巻までの要約と、断片が残されているのみである。『歴史』の現存部分には、前史の部分での、ローマ占領から紀元前二二二年に至る、イタリアでのケルト人とローマの抗争についての概観のほか、東方のケルト人、特にガラティア王国とヘレニズム諸国やローマとの抗争、西方についてもスペインでのケルト人とローマとの衝突などについての記述があり、紀元前二世紀までのケルト人の歴史に関する貴重な史料となっている。

ポリュビオスは、ガラティア王国の有力者の妻であったキオマラという女性と面会したことがあり（第4章参照）、『歴史』にはそのときの様子など、東方のケルト人について、多くの記述があったと推測されるが、失われてしまった。また、スペインでは、紀元前一三三年、ケルト人の拠点ヌマンティアがローマ軍によって陥落した際、指揮を執っていたスキピオに従い、その陥落に立ち会った。その後自らの見聞も含め、『ヌマンティア戦記』という書を残したと伝えられるが、こちらも現存しない。

†ポセイドニオスと紀元前一世紀の著作家たち

ローマ人は、ローマを占領されるなど、ギリシア人よりも早くからケルト人の直接的な脅威にさらされてきた。そのため、ローマの年代記や初期の歴史家たちの著作には、多くのケルト人に関する記述があったと思われる。しかし、紀元前一世紀以前の著作はほとんどが失われてしまい、これらも後世の著作による引用を通してわずかに知られるのみで、現在ではその詳細はほとんど分からない。

紀元前一世紀以降のギリシア・ローマの著作家たちに大きな影響を与えたのは、シリアのアパメア出身で、「当代のアリストテレス」と呼ばれた哲学者、ポセイドニオスである。ポセイドニオスの『歴史』は、ポリュビオスの『歴史』に続いて、紀元前一四六年から前八〇年代頃までの歴史を全五二巻で扱っていたといわれるが、散逸してしまった。ポセイドニオスはガリアに旅行し、ケルト人の間にしばらく滞在したといわれている。紀元前一世紀のシチリアのディオドロス『歴史文庫』やストラボン『地理誌』、二世紀のアテナイオス『食卓の賢人たち』は、ケルト人に関する記述の多くをポセイドニオスから引用しており、それらの引用からその一端を知ることができる。

現存する文献では、紀元前一世紀から後一世紀のものが最も豊かな民族誌的記述を伝えており、我々のケルト人に関する知識やイメージの大部分はこの時期の著作家たちに基づいている。前記のシチリアのディオドロスやストラボンのほか、カエサルの『ガリア戦記』は、第六巻に有名なガリアの民族誌的記述などを含み、現存する文献の中でもケルト人に関する最も重要な史料である。ただ、カエサルの記述がポセイドニオスに基づくものなのか、それとも自身のガリア遠征で得た知見に基づいているのかは、見解の分かれるところである。

†ローマ帝政期の著作家たち

ハリカルナッソスのディオニュシオス(紀元前一世紀)の『ローマ古代誌』、リウィウス『ローマ建国以来の歴史』、ポンペイウス・トログス『フィリッポス史(地中海世界史)』などは、同時代史料ではないが、ローマ占領や東方のケルト人について、現在では失われた史料に基づいて書かれており、貴重な情報を伝えてくれている。特に、ケルト人のローマ占領について現存する史料は、これら三つのほかには、ポリュビオスとプルタルコスの『英雄伝』中の「カミッルス伝」だけであり、ポリュビオスの記述はきわめて簡潔なので具体的な過程は他の史料に頼るしかない。もっともそれぞれの記述に食い違いがあり、事実の再構成が困難なのが悩ましいところではある。

マルティアリス(四〇年頃―一〇四年頃)は、スペイン内陸部ビルビリス出身の風刺詩人で、寸鉄で心を刺すような鋭い風刺から、彼の作品は『寸鉄詩集』と呼ばれている。マルティアリスの詩の中には「わが同族ケルト人」といった表現が何度か現れており、古代において唯一「ケルト人」を自称している人物である。否定派からは「例外、特例」として一言で切り捨てられることが多いが、ケルト人のアイデンティティを考えるうえで興味深い事例である。

一世紀以降の著作家たちは、すでに失われた記録に基づく独自の記述を含んでいる点で重要である。ラテン語の文献では、ルカヌス『内乱賦』、大プリニウス『博物誌』などは、それぞれケルト人の風習、特にドルイドを含む宗教について、他の史料にはみられない独自の記述を含んでいる。また、タキトゥスの『アグリコラ』や『年代記』は一世紀のブリテン島について伝えてくれる数少ない史料である。

一世紀以降のギリシア語文献にも多くの重要な記述がある。プルタルコス（四六年頃―一二〇年頃）の著作は、先に触れた『英雄伝』だけでなく、『モラリア』にもケルト人に関する興味深い記述がある。『モラリア』は、政治や歴史、宗教、文学などさまざまな事柄についてプルタルコスが書き留めたエッセイ集である。ケルト人についても、ケルトの女性にまつわるエピソードや神々への信仰に関する記述など、ここでしかみられない多くの記述が含まれている。

ポリュアイノス（二世紀頃）の『戦術論』やアテナイオス（一七〇年頃―二三〇年頃）の『食卓の賢人たち』はそれぞれ戦争や食事関連に限定されてはいるものの、独自の情報を伝えてくれている。パウサニアス（二世紀頃）の『ギリシア案内記』は、ポンペイウス・

トログスとならび、ケルト人のデルフォイ侵攻について伝える数少ない史料の一つである。アッピアノス（二世紀頃）の『ローマ史（内乱記）』には、ローマとケルトの戦いを扱った「ケルト誌」もあったと伝えられるが、その部分は散逸してしまった。ディオ・カッシウス（二—三世紀頃）の『ローマ史』や、アンミアヌス・マルケリヌス（三三〇年頃—三九五年頃）のラテン語史書『歴史』などはローマ支配下のケルト人について伝えてくれる数少ない史料である。

2 宴と酒

†マック・ダトーの豚

さて、少々前置きが長くなったが、ここからはアルスター物語についてみていこう。アルスター物語はアイルランド最大の英雄クー・フリンを中心に、主にアルスターとコナハトの戦士たちの活躍を描く物語である。アイルランドは伝統的に四つの地域に分けられており、現在の北アイルランドを丸々含む北部がアルスター、首都のダブリンを含む東部がレンスター、南部がマンスター、西部がコナハトと呼ばれている（図2-1）。アルスター

図2－1　アイルランドの地域

物語では、アルスターとコナハトが対立しており、レンスターやマンスターはそのときどきの状況に応じ、両者の争いに介入するというのが基本的な構図となっている。

　アルスター物語の代表的な物語には英雄クー・フリンが活躍する「クアルンゲ（クーリー）の牛捕り」、アルスター王コンホヴァルの配下の戦士ノイシュと王の妻となる予定であった女性デルドレとの駆け落ち譚「ウシュレの息子たちの放浪」などがあるが、クー・フリンについては次章でみることとし、ここでは「マック・ダトーの豚」の物語を取り上げよう。

「マック・ダトーの豚」はレンスターが舞台である。レンスターの王マック・ダトーには二つの宝があった。アルベという名の猟犬と、六〇頭の乳牛の乳で七年間育てた豚である。あるとき、マック・ダトーの下に、アルスター王コンホヴァルとコナハト王アリルの両方から猟犬を求める使者が到来した。どちらに譲っても、譲らなかったほうの恨みを買うことになるため、マック・ダトーは王妃に相談して、その助言に従い、コンホヴァルとアリルの両者に猟犬を譲ると返答し、宴に招待した。

マック・ダトーの館には七つの門があり、そこから七つの道が延び、その先には七つの暖炉と七つの鍋が用意されていた。鍋の中には牛肉と塩漬けの豚肉があり、客は鍋にフォークを入れ、最初に取ったものを食べるものとされた。コンホヴァルとアリルはそれぞれ、マック・ダトーの招きに応じ、戦士たちを引き連れて館へとやってきた。アルスター、コナハトそれぞれの戦士たちは別々の門から館へと入った。

マック・ダトーは、コナハトとアルスターの戦士団を、四〇頭の牛と自慢の豚を料理してもてなした。さて、アイルランドの神話では、宴会の席では、その場の最も優れた勇士が料理を切り分け、分配する役を担う習慣があったとされている。そこで、誰が豚を切り分けるかで紛糾することとなった。コナハトとアルスターの戦士たちが戦い、勝ち残ったコナハトのケトが、名乗り出てくるアルスターの戦士を次々と退けていくが、最後に名乗り出たアルスターのコナル・ケルナッハがケトを負かし、豚を切り分ける権利を獲得した。

コナルはコナハトの戦士たちには前肢だけしか与えず、残りはすべてアルスターの戦士たちで分けてしまった。怒ったコナハトの戦士たちは再度アルスターの戦士たちを襲撃するが返り討ちにあい敗走を始める。それを見たマック・ダトーは猟犬アルベを放し、どちらの側に付くか見る。アルベはアルスター側に加わり、コナハト王アリルの馬車に襲いかかるが、馬車に食らいついたところをアリルの御者に首を切られ死ぬ。

†ケルト人の宴

さて、ここで描かれている宴の様子については、古代のケルト人の習慣としてギリシア・ローマの古典作家たちが記録しているものと似ていることが知られている。アテナイオス『食卓の賢人たち』では、ケルトの宴の様子が次のように描かれている。

ケルト人は食事の際、乾し草を地面に敷き、地面より少し高い木製のテーブルにつく。食物のうちパンは少ないが肉は多く、煮たり炭や焼き串で焼いたりする。（中略）富裕な者が飲む酒はブドウ酒で、イタリアやマッサリア周辺の地から持ち込まれる。ブドウ酒は生《き》のままで飲むが、ときには少量の水で割ることもある。それよりやや貧しい者は、小麦で造ったビールに蜂蜜を加えて飲み、民衆はビールをそのまま飲む。これはコルマと呼ばれている。彼らは同じ杯から少しずつすすり（後略）

また、別の箇所では、「肉が出ると、最も有力な者がモモ肉を取った。しかし、他にもそれを要求する者がいると、二人は立ち上がって死ぬまで一対一で戦った」とも述べられている。ここではモモ肉を取ることになっているが、「マック・ダトーの豚」の物語の豚をめぐる争いを連想させる。

そのほかに、宴ではないが、もてなしに関して、ストラボンが伝えるルウェルニオス王の事績によると、ルウェルニオス王は、紀元前二世紀後半、ガリアのアルウェルニ族の王であったが、領内に四角の囲いを設け、食物をふるまったと伝えられる。そこでは望むものは誰でももてなしを受けることができ、特に旅人には必ず食事をふるまったとされている。この記述も、「マック・ダトーの豚」の物語での、館へやってきた戦士たちへのもてなしの様子とよく似ている。これらは一例に過ぎないが、このほかにも、戦車を用いた戦い方(次章参照)、ドルイドの存在など、ギリシア・ローマの古典文献による古代のケルト人に関する記録には、アイルランドの物語に共通する記述が残されている。

†古典文献との類似点

ギリシア・ローマの古典文献の記述とアイルランドの物語の記述との類似について考えてみよう。まず、アテナイオスの記述は、ポセイドニオスからの引用であると思われ、ストラボンの記述もその可能性が高い。古代の著作家たちは記憶に頼って引用するのが常であるため、どの程度正確に引用しているのかは、ポセイドニオスの著作が残っていない以上、確認しようがない。もし引用が正確ならば、ポセイドニオスの記述は実際にガリアで自ら見たことを記録したものであろうから、当時のケルト人の間に存在していた風習であるとみなすことができるだろう。

次に「マック・ダトーの豚」の物語は、おそらく八―九世紀頃成立したものと考えられている。アテナイオスやストラボンとは数百年の開きがある。そこで、古典文献との記述の類似について、三つの可能性が考えられる。一つは、「マック・ダトーの豚」の著者が古典文献の知識を持っており、それを取り入れたという可能性である。二つ目は、共通の文化的背景に基づくという可能性である。そして三つ目は、単なる偶然の一致である。

一つ目の可能性はゼロではないものの、きわめて低いだろう。「マック・ダトーの豚」の著者についてはまったく分かっていないが、キリスト教の修道士である可能性が高い。ポセイドニオスの著作は中世にはすでに散逸していたであろうから、ポセイドニオスを直接参照した可能性はまずない。アテナイオスの『食卓の賢人たち』は現存する写本も少なく、アイルランド人修道士がアイルランドはもちろん、たとえ大陸に布教に赴いた人物であったとしても、見る機会はまずなかったであろう。また、そもそもこの時期のアイルランドでは、ギリシア語の知識はきわめて限られたものであり、索引もついてない写本でアテナイオスの大部な著作を読み通し、その中から先に引用した記述を探し出すだけの語学力を備えた修道士がいたのかどうかも疑わしい。

次に二つ目の共通の文化的背景という可能性について考えてみよう。共通の、といっても、「マック・ダトーの豚」はあくまでも物語であるので、ここに書かれているような風習が当時のアイルランドに存在したというわけではない。かつて存在していた風習の記憶が反映されているとみるべきだろう。そうであるなら、このような習慣の背景にある価値観、考え方は共通のものといえるのではないだろうか。そして、そのような共通の価値観を持っているとするなら、その集団は同じ民族、つまりケルト人と認めてもよいのではないだろうか。性質や時代の異なる史料の安易な比較は控えるべきであろうが、文化的背景を探るうえで、神話的物語の持つ可能性にはまだ検討の余地があるように思われる。

いずれにせよ、三つ目の偶然の一致という可能性が排除できない以上、この点に関しては、前章の最後で述べたように、遺伝子分析などの進展による人の移動の流れの解明と、文化の伝播過程が明らかになるのを待つ必要があるだろう。

†ケルト人の食生活

宴の話が出てきたので、ここでケルト人の食生活についてみておこう。ケルト人の主食は、穀物と肉、および乳製品であったといわれている。穀物は、大麦、ライ麦、オート麦、小麦、稗《ひえ》などを栽培していたことが、鉄器時代の遺跡や当時の地層から発見された、種や花粉の分析から知られている。ケルト人はこれらの穀物を、回転式の石臼で粉にして、水でこねて窯で焼き、パンにしていた。ちなみに脱穀はしていなかったと考えられているので、ケルト人のパンは現代風に言えば全粒粉のパンということになる。もっとも、我々が普段食べているようなイースト菌を発酵させたふっくらとしたものではなかっただろうから、厚めのクレープ、あるいは全粒粉であったことを考えると、むしろ色合いや風味はガレットのようなものを想像したほうが実物に近いであろう。

また、パン以外にも穀物の粉をスープに入れて摂取することもあった。これはスープにとろみをつけるためであったと思われる。我々の感覚で言えば片栗粉のような役割が期待されたのであろう。もっとも、実際の食感は、おそらく現代人にはとろみというよりは、ドロッとした感じのもの、喩《たと》えるなら汁が多めでジャガイモが煮崩れして溶けてしまった肉じゃがのような感じだろうか。そのほかに、穀物、特に大麦からはビールも作られた。

肉は豚肉が最も一般的であり、そのほかに牛や羊、山羊なども食していた。これらは家畜として飼育されていたもので、ケルト人は狩猟を行うこともあったが、狩猟は食料を得るための手段ではなく軍事訓練も兼ねた上流階級の気晴らしであった。調理器具として、金属製の大釜、焼き串、薪架《まきうま》などが見つかっており、アテナイオスの記述とあわせ考えると、ケルト人はこれらの肉をバーベキューのように適度な大きさに切り分け、串で焼いたり、釜で煮込んでスープにしたりしていたのであろう（図2－2、2－3）。

食器としては、青銅や木の皿、柳の枝を編んだ器、銀器、土器、フォーク、スプーンなどが発見されており、フォークやスプーンを用いて焼いた肉を食べたり、肉入りのスープを飲んだりしていた。乳製品は、牛や羊、山羊などの乳からチーズやヨーグルトを作り食べていた。

地域によっては魚、甲殻類などの魚介類も食べていたようである。アテナイオスは、沿岸部や川辺に住む人々が、魚を塩や酢、アニスなどで味付けして焼いて食べることを伝えている。またゴミ捨て場の跡から、魚の骨や、甲殻類のからなどが発見されている遺跡もあり、魚を含めた魚介類全般が食されていたようだが、ケルト人の漁業についての記述は残されておらず、どのようにしてそれらの魚介類を入手していたのかは不明である。ドイ

図2－2　ラ・テーヌから出土した青銅製の大釜

ツのホッホドルフで発見された首長墓からは、副葬品として鉄製の釣り針が発見されているので、少なくとも釣りを行う習慣はあったと思われる。

また、鳥に関しては、鶏、ガチョウ、鴨、鳩などを家畜として飼育し、食用にしていた地域もあった。ただし、カエサルの『ガリア戦記』によれば、ブリテン島では「鶏やガチョウを食べるのは正しいことではない」（第五巻一二章）とされている。ここで「正しいこと」と訳したラテン語 fas は「正しいこと、神のおきて」の意であることから、もしかするとブリテン島では宗教的な理由で食べることを禁止されていたのかもしれない。

図２－３　焼き串と焼き網

野菜はインゲン、エンドウ、そら豆、レンズ豆などの豆類や、人参、根菜類を栽培しており、肉と一緒に煮込んでスープにしていたようである。そのほかにクロガラシ、セロリ、フェンネル、コリアンダーなどの香辛料も栽培されていたが、これらをどのように用いていたのかは定かではない。

ケルト人は、これらの作物を、畑で栽培していた。畑は鋤《すき》、鍬《くわ》など鉄製の農耕具で耕作し、牛などの家畜に鋤を引かせることもあった。肥料には石灰や泥炭土を用い、穀物の収穫の際には金属製の鎌や大鎌を使用した。上記のような穀物や野菜のほかに亜麻、ケシ、カミツレなどの油性植物も栽培しており、油を採ったり、繊維を衣類などに加工していた。なお、作物の貯蔵には地中に貯蔵用の坑を掘って土器に入れた食料を置いたり、高床式の貯蔵庫を用いていたようだ。

†飲み物

食事のときの飲み物はワイン、蜂蜜酒、ビールなどであった。ビールは小麦や大麦の汁を楢《なら》や樫《かし》などの木製の樽に入れて発酵させていた。蜂蜜酒に関しては、アテナイオスはビールに蜂蜜を混ぜたものと記しているが、シチリアのディオドロスの記述には、蜂蜜を発酵させていたのではないかと解釈できるような記述もあり、どのようなものであったのかはっきりとしない。金属や動物の角から作られた角杯が発見されていることから、普段は角杯を用いてこれらの酒を飲んでいたようである。

ガリアでは、地中海沿岸部、特にマッサリア（現マルセイユ）周辺で、植民したギリシア人によって古くからブドウ栽培とワイン醸造が行われていた。ただし、ケルト人にとって、ワインは地中海、特に、スペイン、イタリア、ギリシアなどからの舶来品であり、普段は蜂蜜酒やビールを飲んでいた。

†ケルト人とビール

シチリアのディオドロスはケルト人の飲み物について、次のように記述している。

（ガリアでは）ブドウ酒もオリーブ油も採れない。したがって、このような果実に恵まれないガリア人は、ジュトスと呼ばれる飲み物を大麦から作ったり、蜂の巣を洗うのに用いた水を飲んだりしている。

ここで「ジュトス」と呼ばれているのは、おそらくビールのことだと思われる。また、ディオドロスは「蜂の巣を洗うのに用いた水」と述べており、これが言葉通りなら、水に蜂蜜が混ざった蜂蜜水ということになるだろうが、アテナイオスの記述とあわせて考えると、お酒について述べていると解釈したほうがよいかもしれない。そうであれば、蜂蜜を発酵させた酒、あるいは蜂蜜を酒に混ぜたものだった可能性がある。つまり、ケルト人は普段は蜂蜜酒やビールを飲んでいたということになる。

ビールは、ラテン語では cervesa（cervesia, cervisia などと綴られることもある）というが、これはガリア語からの借用語であるといわれている。ちなみに「ビール」という言葉はラテン語bibo「飲む」という言葉に由来する。なお、ガリアの例ではないが、イギリスのハドリアヌスの長城に作られたローマ軍の駐屯地の一つ、ウィンドランダで発見された一―二世紀頃の手紙の中にもビールを送ってくれるよう頼んでいるものが発見されており、ブリテン島の北部でもビールが求められていたことが分かる。

†ケルト人とワイン

ケルト人がワインに目がなかったことはギリシア・ローマの著作家たちによってしばしば伝えられている。そこでケルト人のワインに関するエピソードをみてみよう。ハリカルナッソスのディオニュシオスによると、紀元前五世紀頃、ケルト人のもとへ亡命してきたエトルリア人によって、はじめてワインがもたらされたという。そして、イタリアを征服すればワインを好きなだけ手に入れることができる、とそそのかされ、ケルト人はイタリアへ進軍したと伝えられる。

実際には、イタリア侵攻後もケルト人は地中海からワインを輸入し続けた。そして、それに伴い、ワインに関連したものもケルト人のもとにもたらされた。たとえば、アンフォラやクラテル、フラゴンといったワインに関連する容器などである。ギリシア人やローマ人は、ブドウを搾った後、その汁を陶器や土器に入れ、その口を蠟で密封し、土中に埋め、

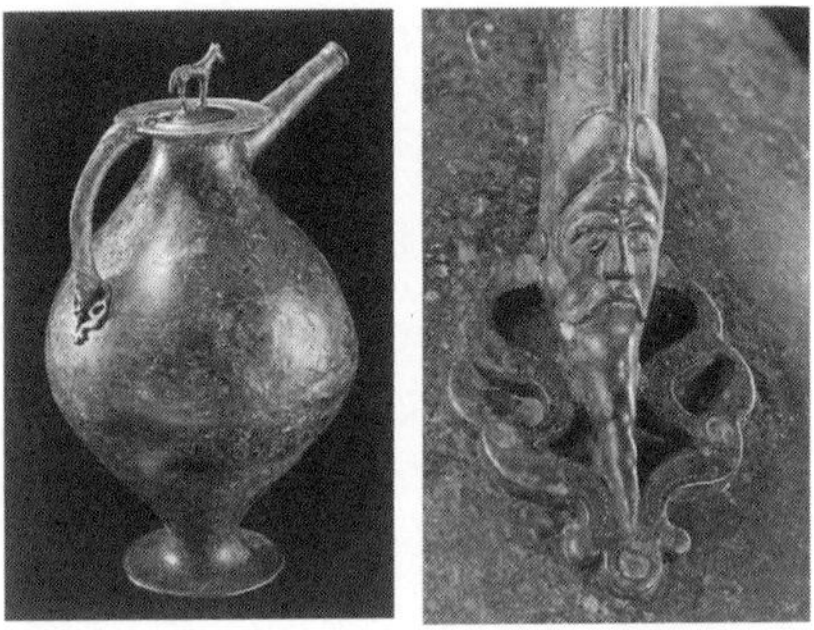

図2－4　フラゴン（左）とその一部を拡大したもの（右）

醸造していた。この醸造のために用いられた容器がアンフォラである。ワインは醸造が終わるとアンフォラごと輸出され、ケルト人のもとへと運ばれた。古代のギリシアやローマでは、ワインは水で割って飲む習慣であった。その際に用いられたのが、クラテル（混酒器）という専用の容器で、クラテルでワインと水を混ぜた後、宴会であれば、大皿のような大きな杯に注ぎ、数人で回し飲みをしていた。クラテルから盃に注ぐために用いられたのがフラゴンである。

　これらの容器の表面にはさまざまな装飾が施されたり、神話の場面などの絵が描かれたりしていた（図2－4）。これはケルトの図像表現に大きな影響を与えたものと思われる。たとえば、装飾パターンとしては、アカンサスやパルメットなどの植物文様がケルト人のレパートリーに加えられた。また、写実的な人像表現、特に神々を人の姿で描く表現なども、これらワイン関連の容器から学んだ可能性もある。ケルト人は、ワインを通して、ギリシアなど地中海の文化を吸収し、独自の文化を発展させたともいえるかもしれない。

そのほかにも、ポンペイウス・トログスが伝えるところでは、紀元前二七九年、ケルト人がギリシアのデルフォイに侵攻したときのこととして、このときケルト軍はギリシア連合軍に敗北し、指揮官ブレンノスも、致命傷を負った。ブレンノスは最後にワインを望み、生のまま飲んで絶命したという。

†ガリアでのワイン醸造の発展

ガリアがローマ支配下に入ってからもしばらくはワインは輸入に頼っていた。たとえば、ルグドゥヌム（現リヨン）は紀元前四三年に建設された町だが、建設直後の紀元前四〇年頃に、イタリアやスペイン、ギリシアのワインが輸入されている。これらのワインはアンフォラに詰められたまま、ティレニア海からリグリア海を通り、ローヌ川経由でルグドゥヌムへもたらされた。

ガリアに輸入されたギリシアのワインは、主にキオス島、コス島、ロードス島産のものであり、特にキオス島産のワインは当時の高級ブランドとして有名であった。ガロ＝ローマ期に最も好まれたのはロードス島産のワインであった。ローマ時代のワインは、現代で言えばポートワインに近いもので、我々が飲むワインに比べてアルコール度数が高く、甘いものであったと考えられている。ロードス島産のワインはその中でも甘口のワインだったようだ。また、蜂蜜酒も同じく甘い酒であったことは間違いない。ケルト人がロードス島のワインや蜂蜜酒を好んで飲んだことから考えると、意外にもケルト人は甘くて口当たりのよい酒が好みだったのかもしれない。

なお、ポンペイウス・トログスの伝えるブレンノスの最期のように、ギリシア・ローマの古典文献にはケルト人がワインを水で割らずに生のまま飲んだ、という記述がしばしば現れる。ギリシアやローマではワインを水で割らずに飲むのは、酒に目がない大酒飲みの所業とみなされていた。

一世紀頃から、ガリアでも本格的にブドウ栽培とワイン醸造が始まり、プリニウスによると、ルグドゥヌムの少し南、ウィエンナ（現ヴィエンヌ）でワイン醸造が行われていた。おそらくガリアでも初めはギリシアやローマと同じやり方が導入されたと思われる。しかし、ガリアでは一世紀以降、醸造に用いられたアンフォラの出土数が減少し、代わりに木製の樽の出土数が増えてくる。このことから、おそらくガリアではブドウの汁を、陶器ではなく、現代のように木製の樽に入れて醸造したものと考えられる。ケルト人は大麦の汁を楢や樫など木製の樽に入れてビールの醸造を行っており、ワイン醸造の際にもこれを応用し、ビール樽を用いて醸造を行ったのであろう。

結果的にこれは成功し、木製の樽は陶器や土器とは異なり、木が呼吸しているため、醸造の際に木や現地の風土の香りがしみこみ、より風味豊かなワインを作ることに成功した。このおかげでガリアでは急速にワイン醸造が発展し、一世紀末には逆にイタリアなど地中海向けに輸出するようになった。一部のワインはブランド化し、ローマでは「五年物のベジエ産が良い」といった碑文まで残されるほどになった。

ここには、ローマ人の文化を取り入れながらも、それをケルト風にアレンジしている様子がみて取れる。これは、ローマの文化とケルトの文化の融合の例といえるだろう。

3 貨幣の役割

†地中海との交易

ケルト人は古くから地中海世界と交流を持っていた。たとえばエトルリアとは、ハルシュタット文化の初期から交易を行っており、ギリシアとも、少なくとも紀元前六世紀頃には交流があった。ケルト人と地中海世界との交易ルートはいくつか知られており、一つは、北イタリアのポー川から出発し、アルプス山脈をサンベルナール峠で越え、ローヌ川に入り、レマン湖やジュラ山脈を経由して、セーヌ川やマルヌ川に出て、そのまま大西洋や英仏海峡に抜けるルート、ほかには、上記のルートと同様にサンベルナール峠を越え、ローヌ川からライン川に出て、北海へと抜けるルート、海路で地中海を西進し、ジブラルタル海峡を抜け、イベリア半島を回り、ビスケー湾から大西洋や英仏海峡に抜けるルート、などがあった（図2-5）。

いずれのルートでも川や海など水路が重要な役割を果たしている。このことは、古典文献にも記述があり、ストラボンは、ガリアでは物資の輸送には主に川を用いると述べている。そして、輸送に限らず、水路はケルト人の交通の要であった。

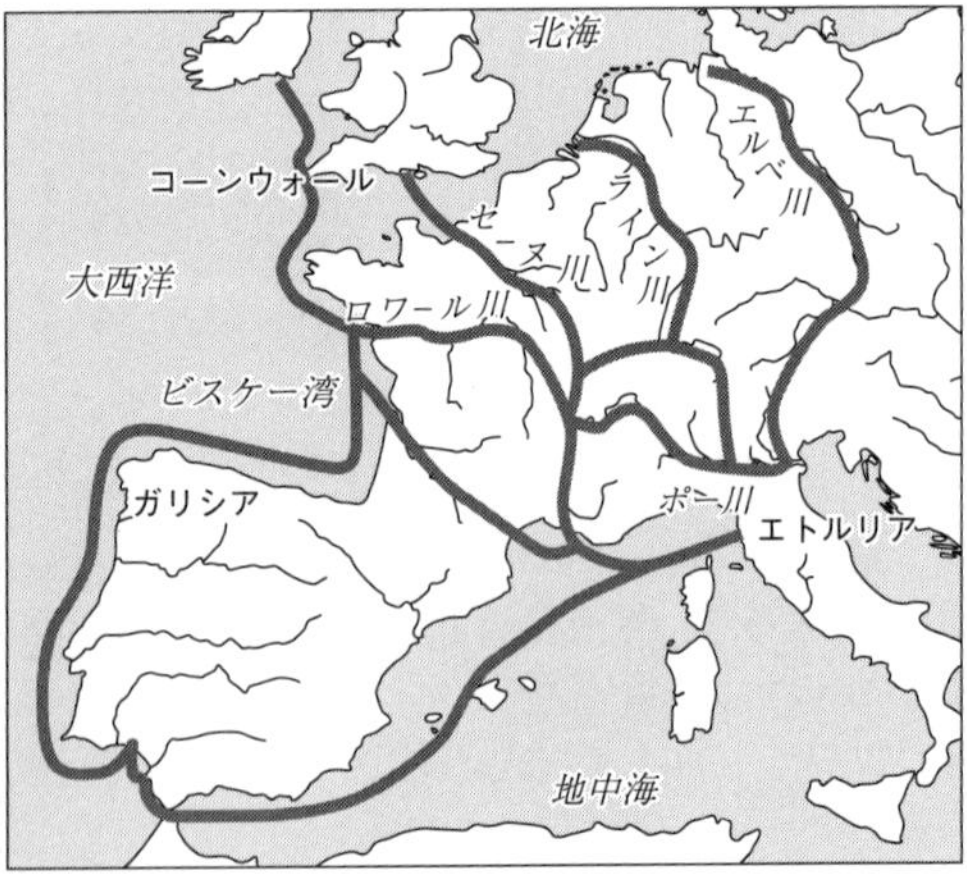

図2-5　地中海世界とのおもな交易路

地中海世界との交易では、ケルト側からは輸出品として金、銀、錫《すず》などの貴金属や鉱物が提供された。金や銀は、スペイン北西部ガリシア地方、ドイツ西部ライン川流域ヴァルトアルゲスハイムなどからもたらされ、錫はアイルランドやコーンウォールなど、ブリテン諸島からもたらされた。そのほかに、琥珀《こはく》なども扱っており、琥珀はケルト人の領域では産出しないが、北海方面でゲルマン人から仕入れたものを中継貿易で地中海へと流していたようである。ケルト人が輸入していた品は、ワインやオリーブオイルなど、当時は地中海沿岸でしか手に入らなかった品である。交換レートがどのくらいであったのかは明らかでないが、ときには奴隷一人とワインとを交換することもあったといわれる。

†ケルトのコイン

このように当初は物々交換で交易が行われていたが、紀元前三世紀頃から、ケルト人がマケドニア、セレウコス朝シリア、プトレマイオス朝エジプトなど、ヘレニズム諸国で傭兵として活躍するようになると、それら傭兵が報酬として持ち帰ったり、交易の際にギリシア側から提供されたりして、次第に貨幣がケルト社会に入り込んでくる。ケルト社会に貨幣が普及していくにつれて、貨幣を用いた取引が行われるようになっていった。ここで、ケルトのコインについてみておこう。

ケルト人は古くは貴金属を棒状に延ばしたものや、棒状に延ばした後、輪の形にしたものなどを貨幣代わりに用いていたようであるが、これらは出土例も少なく、それほど普及していなかったらしい。ケルト人が傭兵としてギリシア本土やヘレニズム諸国で活躍するようになり、傭兵がギリシアの貨幣を報酬として持ち帰ったり、あるいは交易によってギリシアの貨幣を手に入れるようになると、それらの貨幣を模倣して自分たちの貨幣を造るようになった。ケルト人が好んで模倣した貨幣はマケドニア王フィリッポス二世のスタテル金貨、テトラドラクマ銀貨、あるいはマルセイユのドラクマ銀貨、ローマの独裁官スラのデナリウス銀貨などである。初めは図像はもちろん、銘まで忠実に模倣していたが、すぐに、図像はケルト風に様式化され、独自の要素が付け加えられていった。

ケルトの貨幣は作り方の違いから二種類に分類することができる。一つは打刻貨幣で、高熱で溶かした金属を台の上で打ち、薄い円形の貨幣にしたものである。打刻貨幣は材料となる金属によってさらに細分化され、主に金貨、銀貨、青銅貨の三種類が知られ、このほかに金と銀との合金で作られたものなどが知られている。もう一つは鋳造貨幣で、これは溶かした金属を型に流し込み、固めたものである。ガリアでは「ポタン」と呼ばれる小型の青銅貨のみが知られている。

紀元前三世紀から二世紀のケルトの貨幣の流通は、材料や基となった貨幣からおおまかに三つの地域に分けることができる。一つ目はフランス地中海沿岸部からスペイン北東部にかけての地域で、この地域では、主として、ギリシア人の植民市マッサリアや交易都市エンポリオン（現アンプリアス）の貨幣を基にしたものが流通しており、材質は銀や青銅が中心で、特にマッサリアのドラクマ銀貨が好んで模倣された。紀元前二世紀後半からは、特に南仏やアクイタニアで、マッサリアに代わり、ローマの貨幣が模倣されるようになってくる。また、スペイン中央部のケルトイベリアでは、独自の青銅貨、銀貨が流通していた。

二番目の地域はフランス大西洋沿岸からドナウ川流域、バルカン半島にかけての地域で、この地域では、主に銀貨が用いられた。特にドナウ川流域では、紀元前三世紀初め頃から、マケドニア王フィリッポス二世のテトラドラクマ銀貨やアレクサンドロス大王のスタテル金貨を模倣した貨幣が用いられた。三番目の地域はフランス北部、ドイツ西部、南部、スイス北部、チェコ、スロバキアなどの地域で、この地域ではフィリッポス二世のスタテル金貨をもとにした金貨が主に使用された。

†コインの機能

これらの貨幣はさまざまな用途に用いられた。以下では、貨幣がケルト社会でどのような役割を果たしていたのか順にみていこう。まずは経済的機能である。貢納や徴税、あるいは交易の際の通貨や贈与品など、いうまでもなく、コインの最も基本的な機能である。ケルト人が自ら貨幣を製造するようになると、ギリシア・ローマなど外部の人々との交易

図2-6　アレコラタのコイン

だけでなく、ケルト人どうしの交易や日常の税の徴収などの際にも貨幣が用いられるようになっていった。

とはいえ、現代のように貨幣経済が確立していたわけではない紀元前のケルト社会では、経済活動以外の目的にも貨幣が用いられていた。紀元前五世紀から三世紀頃まで、ケルト人の有力者の墓には、副葬品として貴金属で作られた装身具や精巧な細工の施された金工品などが埋葬されていた。それが、紀元前三世紀頃から、貨幣がそれらに取って代わるようになる。貨幣はいわばステイタスを示す奢侈品だった。

ケルトイベリアでは、コインが鋳造された場所と思われる銘が刻まれた青銅の鋳造貨が流通していた。最も多く流通していたのが「アレコラタ」の銘のあるコインで、アレコラタは古典文献にはまったく記述がなく、正確な場所は分からないが、ローマ時代のアウグストブリガ（現ソリア県のムロ）なのではないかという説が出されている（図2-6）。アレコラタの銘のあるコインは、イベリア半島の広い範囲に流通しており、ケルトイベリアの領域だけでなく、西はポルトガル、南はアンダルシアでも発見されている。ケルトイベリアのコインの中で、流通量だけでなく流通範囲も最大であるが、その割には貯蓄用の埋蔵貨はほとんど発見されていない。そのため日常的に使用されるコインとして広く普及していたのではないかと考えられている。アレコラタの銘のあるコインは紀元前二世紀から紀元前一世紀にかけて鋳造されていたと推測されており、この時期にはケルトイベリアにはある程度貨幣経済が浸透していたものと思われる。

もう一つ、ケルトの貨幣の忘れてはならない側面に宗教的な性格が挙げられる。たとえば、旅行の際に、貨幣は護符代わりに常に肌身離さず携行された。また、神々への奉納物として河川や泉などの聖域に捧げられたりもした。このような貨幣の宗教性は、ドイツ、東欧のいわゆる「虹の小鉢」など、はるか後代の民間伝承にまで受け継がれている。虹の小鉢というのは、虹が大地と接するところに小鉢型のケルトの金貨が見つかるというドイツ南部やボヘミアの民間信仰のことで、打刻貨幣は製造過程で上から圧力が加わるため、多かれ少なかれ完成品は反り返った形になる。中欧から東欧で発見されているケルトの金貨は、この反り返りが比較的深いものが多く、小鉢のような形をしていることからこの名がある（図2-7）。この虹の小鉢には治癒や幸運をもたらす作用があるといわれている。

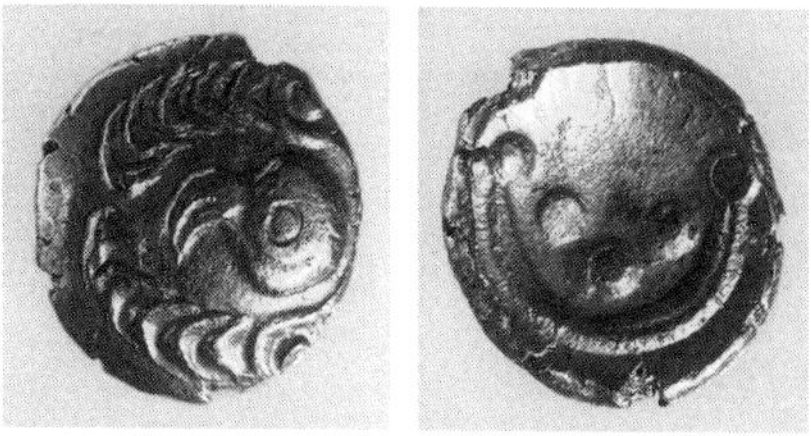
図2-7　虹の小鉢の表（左）と裏（右）

ケルト社会において、貨幣の価値がどのくらいであったのか、地中海との取引でどのように使われたのかは分からない。ここではアレシアから出土した貨幣を例に、貨幣の使用についてみてみよう。

アレシアは現在のブルゴーニュ地方、カエサルのガリア遠征のハイライトである、ローマ軍とウェルキンゲトリクス率いるガリア軍との決戦が行われた地である。一八六一—六五年にかけて最初の発掘が行われ、その後も二〇世紀終わりまで断続的に発掘が行われている。アレシアからはガリアの貨幣とローマの貨幣が発見されている。

まずガリアの貨幣からみていこう。ガリアの貨幣は今日までに七〇〇枚以上が発見されている。最も多いのは、ウェルキンゲトリクスの出身部族であるアルウェルニ族の貨幣で、一一九枚を占めている。それに次ぐのがセクアニ族の貨幣、三番目がハエドゥイ族の貨幣であり、両者の貨幣のほとんどは銀貨である。

そのほかの貨幣は、セノネス族、ビトゥリゲス族、カルヌテス族、リンゴネス族、ピクトネス族、レウキ族、また、ガリアの貨幣というよりギリシアの貨幣というべきかもしれないが、マッサリアの貨幣とそれを模倣した貨幣も見つかっている。

つまり、ハエドゥイ族やセクアニ族など、アレシア周辺のブルゴーニュ地方の部族だけでなく、ビトゥリゲス族やピクトネス族など、ガリア南西部アクイタニア地方の部族や、リンゴネス族などのガリア北東部の部族など、ガリアの広範な地域の貨幣がここからは発見されている。もちろんこれらの貨幣の中には、ウェルキンゲトリクスがアレシアに籠城した際に持ち込まれたものも含まれているだろうが、アレシアでは、北東部から南西部までのガリアの広範囲のケルト人部族に加え、マッサリアとも取引を行っていたことが推測される。

また、ガリアの貨幣のうち二四〇枚余りはアレシアの城壁の内側ではなく、ローマの陣営跡から発見されており、そのうちの大半がカエサルの陣営跡から発見されている。特に数が多いのはビトゥリゲス族、セノネス族、カルヌテス族の貨幣であり、これはおそらく、ローマ軍がアレシアの戦いの前に陥落させていたビトゥリゲス族のオッピドゥムであるアウァリクム（現ブールジュ）とノウィオドゥヌム（現ヌヴェール）、カルヌテス族のオッピドゥムであるケナブム（現オルレアン）、セノネス族のオッピドゥムであるウェラウノドゥヌムから貨幣を持ち込んだのであろう。

なお、オッピドゥム（複数形オッピダ）というのは、ラテン語で「町」を意味する単語であるが、ローマの著作家たちは、ケルト人の城壁で囲まれた居住施設のことを指すのにこの単語を用いている。オッピドゥムは、中央ヨーロッパからガリアやイベリア半島に至る地域で、紀元前三世紀頃から現れ始め、戦時には防衛拠点として用いられた。名前の通り都市に似ているが、これまでに発掘が行われたオッピドゥムでは、城壁で囲まれた部分の面積に比べ居住地の面積が少なく、神殿や聖域などの宗教施設が複数設けられていることが多い。そのため、人々が日常的に居住していた都市というよりも、宗教行事や市での取引など、特定の機会に人々が集まる場として用いられていたのではないかという説もある。

さて、アレシアからはローマの貨幣も発見されており、ほとんどはアレシアの戦い以前の、共和政期のものである。アレシア戦後のものは一九枚発見されているのみであり、すべて青銅製である。年代は一世紀のアウグストゥス帝から四世紀のウァレンス帝まで帝政期全般にわたっている。アレシアの戦い以前の貨幣は大部分がデナリウス銀貨で、発行年代は紀元前三世紀終わり頃から紀元前五四年にわたっている。

ガリアの貨幣とローマの貨幣の枚数をみてみると、ガリアの貨幣が七〇〇枚以上見つかっているのに対して、ローマの貨幣はわずか一六〇枚余りしか発見されていない。さらにローマ軍の陣営跡で発見されている貨幣も、ガリアの貨幣の数のほうがローマの貨幣よりも多く、カエサルの陣営跡から発見されているガリアの貨幣だけで、アレシア全体で見つかったローマの貨幣とほぼ同じ数に達している。ローマ軍は貨幣をあまり携帯していなかったのか、それとも、ローマ支配下では、ガリアの貨幣はたとえ貴金属でも価値がなかったのか、残念ながら理由は分からない。

コラム　伝説の地アレシア

アレシアはフランス東部の都市ディジョンの西約七〇キロメートルにあったオッピドゥムで、ウェルキンゲトリクスとカエサルの決戦以前、おそらく紀元前八〇—七〇年頃から使用されていたと思われる。規模としては、東西二キロメートル、南北七〇〇メートル、広さ約九七ヘクタールで比較的大きなオッピドゥムであったと言うことができるだろう。周囲はガリア壁と呼ばれる城壁で囲まれていた。ガリア壁とは、石材と平らに横たえた長い梁木とが碁盤の目のように交互に組み合わされたガリア独特の城壁で、こうすることで、石だけの場合より強度が増したという。アレシアのガリア壁の厚さは六メートルであった。その内部には中央やや西寄りに居住区があったが、それはたった二ヘクタールの面積しかなく、そのほかには東にモリタスグスという神の聖域があったことが知られているだけである。この居住区は紀元前七〇年頃に作ら

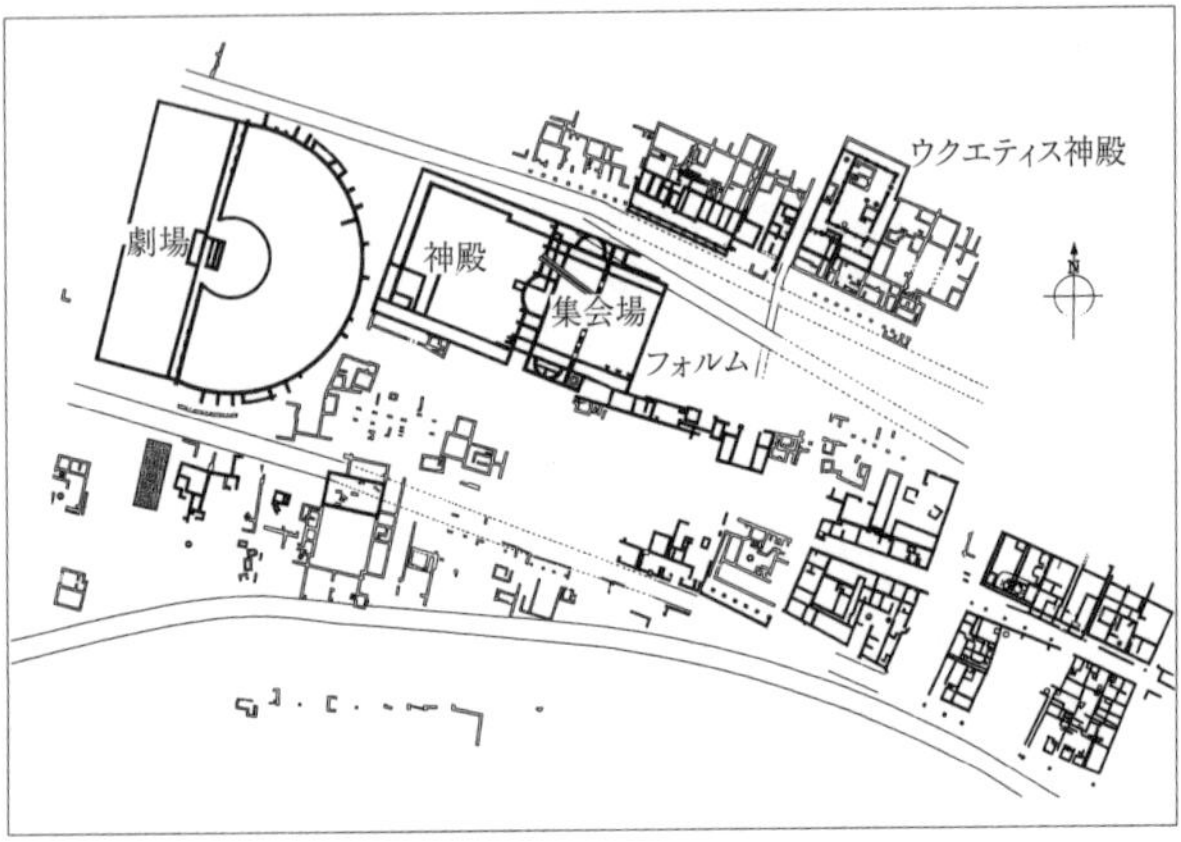

図2-8　ガロ＝ローマ期のアレシア中心部

れたものと推定されており、アレシアに人が住み始めたのはカエサルとの決戦の二〇年ほど前に過ぎなかったようである。

居住区の中央には広場があり、広場の南側には、長さ一五〇メートル、奥行き二六メートルの空間が九つに仕切られていた。ここは、おそらく金属細工や冶金を生業とする職人の住居あるいは仕事場であった。その一方で、穀物倉の跡や農具などはアレシアからは発見されていないことから、アレシアは金工に特化した特別な場であったと考えられる。

なお、アレシアはガリアがローマに平定された後も三世紀まで存在し続けた。広さは七〇から八〇ヘクタールと従来よりやや小さくなったものの、フォルム

（広場）が作られ、ローマのトラヤヌスのフォルムのように、フォルムの西側に面して、集会所があり、西側に神殿が設けられ、その西側には劇場があった（図2－8）。そのほかにもガロ＝ローマ期のアレシアには六つの聖域が存在していた。それらの一つモリタスグスの聖域は、南北一〇〇メートル、東西七〇メートルで、六つの建物があった。北西には神殿があり、直径九メートルで八角形の形をしていた。南東には水路で囲まれた回廊があり、そのすぐ西側には小さな六角形の神殿があった。

一九〇五年からアレシアの発掘を行ったエスペランデューは、これをモリタスグスの神殿とみたが、治癒の泉であるとする説も捨てがたい。この聖域は四世紀には荒廃したらしい。フォルムのすぐ北にはウクエティスとベルグシアという神の聖域があり、この聖域は、四世紀には略奪され、放棄されたようだ。ローマ時代のアレシアは、政治上の重要な都市というわけではなかったが、これらの聖域とガリアの事実上最後の抵抗の地という伝説のために、ガリアの宗教都市としての地位を確立していたと思われる。

第 3 章

英雄の宿命

――インド=ヨーロッパの遺産

クー・フリンのスケッチ(ジョン・ダンカン画)

1　クー・フリンの生涯

ケルト人の文化には、インド＝ヨーロッパ語族から引き継いださまざまな要素がみられる。本章では、アイルランド神話最大の英雄であり、アルスター物語の主人公格の英雄であるクー・フリンの生涯にまつわる物語を手がかりに、ケルト文化とインド＝ヨーロッパ語族とのつながりについてみていこう。

†クー・フリンの出生

クー・フリンは、アルスター王コンホヴァルの妹デヒティネの子とされ、父はトゥアタ・デー・ダナンのルーとされる。その出生に関してはさまざまな伝えがあり、ある物語では、デヒティネが神隠しにあい、しばらくしてからアルスターに鳥の大群が現れた。戦士たちが不思議に思い、その後をついていくと、ある家にたどり着いた。そこには神隠しにあったデヒティネがおり、彼女が戦士たちをもてなしている間に皆眠りに落ちてしまった。気づいたときには家は消え、デヒティネとその子どもが残されているだけであった。

そこで戦士たちは母子をアルスターへ連れ帰った。デヒティネは神隠しにあっている間、ルーの妻として暮らしており、ルーの子を妊娠、出産していた。戦士たちがデヒティネと一緒に連れてきたその子が後のクー・フリンである、というものである。

別の物語では、虫に変身したルーがデヒティネの飲み物に入り、デヒティネがそれに気づかずそのまま飲み物とともにルーを飲み干し、デヒティネの腹の中に入ったルーによって妊娠した、と伝えられる。そのほかにも、アルスターの戦士たちが狩りに出たとき、雪が降ってきたため、近くの家に避難した。ちょうどその家の主人に双子が生まれ、その一人を同行していたデヒティネが気に入り、養子として連れ帰った。アルスターの都エヴァン・マハに戻るとすぐに子どもは病気になり死んでしまったが、その夜ルーがデヒティネの前に現れ、家の主人がじつは自分であったことを明かし、代わりの子をデヒティネが懐妊した、などといった物語もある。

このような片親が神である半神半人の英雄、あるいは片親がよそ者という設定は、インド＝ヨーロッパ語族の神話によくみられるもので、ギリシア神話のヘラクレスは父親がゼウス、アキレウスは母親が女神テティスの半神半人の英雄であり、イラン神話のロスタムは、母親ルーダーベがイランの伝説上の暴君である蛇王ザッハークの末裔であるといった具合である。

クー・フリンの出生がどのようなものであったにせよ、生まれた子は、セタンタと名づけられ、デヒティネがスアルタムという男性と結婚したため、スアルタムの子として、アルスターの辺境で育てられた。成長すると、少年戦士団に入団するため、アルスターの都エヴァン・マハに赴いたが、入団をめぐってトラブルになり、同年代の子数十人を相手に球技で勝利し、実力を認められ、入団できたとされる。

この入団の経緯に関しても物語によって細部が異なっており、ある物語では、少年戦士団には両親ともにアルスター出身の身元の確かな者しか入団できない規則になっていたが、セタンタは長らく辺境で育てられ、また誕生の経緯のため、身元が疑われ、入団を拒否された。そこでセタンタは、同年代の子数十人を相手に球技で勝利することで、実力を見せつけ、入団を認められた、とされている。別の物語では、少年戦士団への入団の際には決められた手順があったが、セタンタが入団の手順を守らなかったため、それを自分たちへの挑戦と受け取った少年戦士団の先輩たちは、セタンタに襲いかかった。セタンタは一人で戦って全員を返り討ちにし、入団を認めさせたという。

†名前の由来

アルスター王コンホヴァルに仕える鍛冶師クランは王を自宅での宴会に招待した。コンホヴァルはクランの家に行く前に、セタンタを見かけ、宴会に誘ったが、セタンタは球技の試合中だったため、試合後クランの家を訪問すると答えた。

コンホヴァルはクランの邸に着いた後、セタンタが来ることを伝え忘れ、クランは招待客がそろうと庭に番犬を放っておいた。セタンタが遅れてやってくると、番犬はセタンタを侵入者と思い、襲いかかった。そこでセタンタはやむなく犬を返り討ちにしたが、騒ぎを聞きつけ、クランや王たちが出てくると、クランは番犬が殺されているのを見て嘆き悲しんだ。

セタンタはその姿を見て、代わりが見つかるまで自分が番犬役を務めることを提案した。以降セタンタは「クー・フリン（クランの犬）」の名で呼ばれるようになった。

†名声と短命の予言

クー・フリンは、あるときコンホヴァルに仕えるドルイドのカスバトが、今日武器を取るものは永遠の名声を得る、と言っているのを聞き、コンホヴァルの下へ行き、武器をねだった。そこでコンホヴァルは自分の武器をクー・フリンに与えたが、それを見たカスバトは、自分の予言は、今日武器を取るものは永遠の名声を得るが、その人生は短いものとなる、というものだったことを語り嘆いた。

このような名声と人生を天秤にかける英雄の宿命もまた、インド＝ヨーロッパの神話に共通の物語と思われる。たとえば、ギリシア神話では、トロイア戦争の英雄アキレウスが同様の選択を迫られる。アキレウスは、母である女神テティスから、栄光を得るが若くして死ぬか、平穏な人生で長生きするかのどちらかとなると予言され、前者を選ぶ。別の物語では、アキレウスの母テティスは、息子がトロイア戦争で死ぬことを予言し、戦争に行かないで済むようアキレウスを女装させた。アキレウスをトロイア戦争に勧誘するため、商人のふりをしたオデュッセウスがやってくると、女装したアキレウスは女たちの中に身を隠すが、オデュッセウスが宝石や装飾品など女性用の商品の中に槍や盾を混ぜて持ってくると、一人だけ武具に興味を示したのがアキレウスだと見抜き、トロイア戦争に連れていった。クー・フリンの物語はアキレウスの物語のうち、前者のヴァージョンの予言と後者の武器に興味を示し戦争に赴く話とを掛け合わせたようなものになっている。

†クー・フリンの結婚

クー・フリンは成長すると、優れた武勇に加え、名誉と礼節を重んじたので、アイルランドの女性たちの憧れの的になった。アイルランドの男たちは自分の嫁や娘がクー・フリンに夢中になるのではないかと心配になり、クー・フリンを結婚させようと画策するも失敗に終わることになる。しかし、男たちの不安は、クー・フリンが同い年の女性エウェルと恋に落ちたことで解消される。

クー・フリンはエウェルに求婚したが、エウェルの父からさらなる武芸修業を要求され、影の国（異界とも現在のスカイ島ともいわれる）の女王スカサハの下へ修業に赴いた。やがて修業を終えたクー・フリンは、スカサハから必殺の武器ゲイ・ボルグを授かり、アイルランドへ帰還し、エウェルを迎えに行った。エウェルの父はクー・フリンが来ると聞くと、城の守りを固めてクー・フリンを迎え撃つが敗れ、自害した。こうして、障害が取り除かれたクー・フリンは、エウェルと結婚した。

†クアルンゲの牛捕り

クー・フリンの最も有名な物語は「クアルンゲの牛捕り」であろう。「クアルンゲの牛捕り」は中世アイルランド文学最大の物語である。

コナハトの女王メズブは、夫アリルとお互いの財産を比較したところ、フィンベナハという牛一頭分だけアリルのほうがまさっていた。そこでメズブは、フィンベナハに匹敵する牛を探し求め、アルスターにドン・クアルンゲという牛がいることを知り、これを手に入れるために出兵することを決めた。アルスターの戦士たちは、かつてマハにかけられた呪いにより、クー・フリンを除き、衰弱して戦闘不能になり、戦士たちが回復するまでの間、クー・フリンが一人で戦線を支えることとなる。

マハというのは、アルスター王コンホヴァルの配下クルンヌクの妻だった女性であり、コンホヴァルが開催した馬のレースで王の馬が優勝した際、クルンヌクが妻のほうが早く走れる、とつぶやいたのをコンホヴァルが聞きとがめ、マハを呼び出し、実際に馬と競走するよう命じた。マハは妊娠中だったため、出産後まで待ってほしいと懇願するも聞き入れられず、身重の体で走らされることとなった。マハは馬に勝ったものの、ゴール直後に衆人環視の中で出産することとなってしまった。この苦痛と恥辱に対し、マハは、危機の際にアルスターの男たちが分娩の苦しみに襲われるよう呪いをかけた、というものである。

クー・フリンは、国境に罠を仕掛け、さらにコナハトの戦士たちに一騎打ちで勝たない限り先へ進めないというゲシュをかけ、一人でコナハトの侵攻を食い止めた。ゲシュというのは、中世アイルランドの物語にしばしば現れる用語で、「誓い、呪い」などといった意味の言葉である。物語では誓約として、自分に課し、その誓約を破ると災禍が降りかかるという場合と、他者に課し、それに従わないと課されたものに災禍が降りかかるという場合とがある。

やがてアルスターの戦士たちが回復すると、攻勢に出たアルスター軍は、コナハト軍を退けることに成功するが、ドン・クアルンゲはコナハトに奪われてしまう。メズブがコナハトに着くと、ドン・クアルンゲとフィンベナハは戦いをはじめ、アイルランド中を駆け回りながら死闘を繰り広げ、二頭とも死んでしまった。

†不死身の英雄との戦い

「クアルンゲの牛捕り」で、クー・フリンが一騎打ちをした戦士の一人にフェル・ディアがいる。フェル・ディアは、クー・フリンがスカサハの下へ赴いた際、すでにスカサハの弟子として修業していたクー・フリンの兄弟子である。二人は親友となり、クー・フリンはフェル・ディアを兄と慕うようになった。クアルンゲの牛捕りの際、メズブは、一騎打ちでクー・フリンに対抗できる英雄としてフェル・ディアに白羽の矢を立て、策をめぐらせ、フェル・ディアをクー・フリンと戦わせることになる。二人は戦車に乗って戦場へと赴き、顔を合わせると、お互いの友情を確かめ健闘を約束し、毎日戦いが終わるたびに食料や薬を融通しあった。

さて、フェル・ディアは、どんな武器も通さない特殊な皮膚を持つ不死身の英雄であった。彼を倒すには体内にゲイ・ボルグを突きたて、内部から致命傷を負わせる必要があった。そこでクー・フリンは一計を案じ、川の中へフェル・ディアを誘い込み、水中でまず強烈な一撃をお見舞いし、フェル・ディアの体を浮かせ、無防備になった瞬間に肛門からゲイ・ボルグを突きたて、フェル・ディアを倒すことに成功する。

†『マハーバーラタ』の物語

このような英雄が不死身の英雄と戦うモチーフは、インド＝ヨーロッパ語族の神話に共通のモチーフの一つと思われ、インドの叙事詩『マハーバーラタ』にも攻撃の通らない不死身の英雄を殺す物語がある。

『マハーバーラタ』は、パーンダヴァ（パーンドゥ王の五人の息子）とカウラヴァ（パーンドゥ王の弟ドゥリタラーシュトラ王の一〇〇人の息子）の王位をめぐる争いを描いた叙事詩である。パーンドゥ王の妃クンティーは、結婚前の少女のころ、聖仙を助け、神を呼び出す呪文を教わった。その呪文は実際には神を呼び出し、その子を授かる呪文であり、好奇心からクンティーが試しに使ったところ太陽神が現れ、クンティーは妊娠するが、未婚の母となったことを知られるわけにはいかず、生まれた子を川に流した。その子は下層民に拾われカルナと名づけられ養育されることになる。やがてクンティーは、パーンドゥ王に嫁いだ。

パーンドゥ王は、あるとき森に狩りに行き、鹿を射る。その鹿は変身して遊んでいた聖仙の妻であり、妻を殺された聖仙は、パーンドゥに妻と交わると死ぬ呪いをかけた。そこでパーンドゥは弟ドゥリタラーシュトラに王位を譲り、妻たちとともに森へ隠棲した。クンティーは、子を欲しがるパーンドゥに、かつて聖仙に教えてもらった呪文のことを話した。すると、パーンドゥはその呪文を使って子を産んでくれるよう頼み、クンティーはユディシュティラ、ビーマ、アルジュナという三人の息子を生み、もう一人の側室マードリーがナクラとサハデーヴァという双子を生む。パーンドゥがあるとき我慢できずマードリーと交わると、呪いが発動して死亡し、マードリーもその後を追う。残されたクンティーと五人の子どもたちは、二人を埋葬した後、王国へ帰還した。

ドゥリタラーシュトラにはドゥルヨーダナを筆頭に一〇〇人の子どもがいたが、パーンダヴァが帰還すると、ドゥルヨーダナは、自分たち兄弟より秀でたパーンダヴァに嫉妬し、ことあるごとに対立することとなる。やがて両陣営の対立は国を二分する内戦へと発展し、両陣営は、クルクシェートラの戦いで雌雄を決することになった。その際、パーンダヴァの指揮を執ることになったのはパーンダヴァの三男で、インドラ神の息子アルジュナであり、カウラヴァ側の指揮は、ドゥルヨーダナに見いだされ、取り立てられたカルナに任されることになった。

カルナは、本人は知らないが、太陽神の子でアルジュナの異父兄であり、太陽神の恩恵で、あらゆる攻撃を防ぐ黄金の鎧を着て生まれた。したがって通常の攻撃ではカルナを倒すことはできないが、アルジュナの父であるインドラ神は、両者の一騎打ちに際し、カルナの鎧をはがしてしまった。さらにカルナの乗った戦車は、カルナが以前聖仙から受けた呪いによって地面に沈み、身動きが取れなくなってしまう。そこで、アルジュナは、鎧を失い身動きとれなくなったカルナを弓で射殺する。

†ケルト人の戦車

これらの戦いでは、戦車戦が描かれているが、戦車もケルト人がインド=ヨーロッパから受け継いだ要素の一つと思われる。ここでケルト人の戦車について、カエサルの『ガリア戦記』に拠りながらみておこう。

カエサルは、紀元前五五年、ブリテン島へ遠征した際、敵の戦車隊に遭遇した。カエサルの記述によれば、ブリタニア人の戦車は御者一人と戦士一人が乗っており、戦士は戦車で敵に近づき、まず投げ槍で攻撃した後、戦車から降りて徒歩で敵の戦列に突撃していくという戦法を用いていた。その間、御者と戦車は戦士が逃げるときのために近くで待機していた。カエサルの遠征当時、すでにガリアでは戦車を戦いに用いてはいなかったが、ガリアでも、かつてはカエサルの記述しているブリタニア人の戦車戦法と同じような戦い方をしたのであろう。

カエサルは戦車の形状を記していないが、ケルトの戦車は、副葬品として墓に入れられた戦車の模型などから、二頭立ての二輪戦車であったと考えられている。ガリアなどコーロッパ大陸では、二輪戦車がおさめられているのは主に紀元前五―四世紀の墓で、紀元前三世紀以降は少なくなり、紀元前一世紀以降ほとんどみられなくなる。したがって、大陸でケルト人が戦車を戦いに使用していたのは紀元前五―四世紀頃で、それ以降は騎兵が主力となり、戦車は廃れていったと思われる。紀元前五世紀以前、ハルシュタット期の墓には二輪ではなく、四輪の戦車（荷車）がおさめられているが、ハルシュタット期の四輪戦車は貴金属の飾りがつけられていることなどから、戦闘用のものではなく、儀礼用のものであったと考えられている。

この『ガリア戦記』に描かれる戦車は、その形状も戦い方も古代ギリシアの叙事詩『イリアス』に描かれた戦車に似ている。『イリアス』に描かれているギリシア人の戦車は二頭の馬が引く二輪戦車で、戦士と御者の二人乗りである。この戦車は戦場まで戦士を送り届け、戦士は敵と遭遇すると戦車から降り、徒歩で戦う。その間、御者と戦車は敵の追跡や戦士が逃げるときのために近くで待機している。ここから推測すると、紀元前五―四世紀のケルト人の支配階級は、戦車で最前線へとすばやく移動し、戦闘に身を投じていたと思われる。アイルランドの神話や『マハーバーラタ』で描かれる戦車も同様に戦士と御者の二人乗りである。また、ケルトの支配階級が、戦いの際には戦車で最前線に移動し、戦闘に参加していたことからは、ケルト人の社会で地位を築くには血統だけではなく、本人が戦場で実力を示すことも重要であったことが窺《うかが》われる。

ケルト人の戦車は、二つの車輪を結ぶ車軸の上に台が設置されており、その台の上に御者や戦士が乗る座席が取り付けられていた。車輪は金属製で、むき出しになっていたので、戦士や御者が車輪に接触しないよう、側面には衝立《ついたて》が設けられていた。車輪の直径は〇・八メートルから一メートルほどで、ホイールゲージ（車輪と車輪の間の幅）は一・三メートルから一・五メートルほどであった。座席部分は、四角形になっており、四隅が金属製の楔《くさび》で台や車軸と繋がれて固定されていた（図3-1）。

図3-1　復元した戦車

一九八〇年代にケルトの戦車を再現した実証実験が行われており、それによると、座席が完全に固定された状態では、未舗装の凸凹道の振動がダイレクトに伝わり、短時間しか耐えられず、走行中に立ち上がって投げ槍を扱うことなどはきわめて困難であった。そこで、座席や台を繫いでいた金具が上下に動くことで振動を吸収するサスペンションの役割を果たすよう工夫されていたという説もある。

2　英雄の最期

†アイフェの息子の死

クー・フリンがスカサハの下で武芸を学んでいるとき、アイフェという女性がクー・フリンのところへやってきた。アイフェはスカサハと敵対していたが、クー・フリンは彼女を打ち負かし、二度とスカサハと敵対しないこと、そして自分の子どもを産むことを条件に解放した。クー・フリンはアイフェに黄金の指輪を渡し、子どもの指に合うようになったら自分を探しに来させるよう言い残し、アイルランドへと戻った。

やがて男の子が生まれ、七歳になったとき、海を渡ってアイルランドへやってきた。アルスター王コンホヴァルは不審な船が来たことを聞き、戦士たちを派遣する。戦士が誰何《すいか》したところ、子どもは自分の名を名乗ろうとしなかった。子どもから無視され、馬鹿にされたと感じた戦士たちは実力で排除しようとするが、子どもは次々とアルスターの戦士たちを打ち負かした。そこで、最後にクー・フリンの番になる。クー・フリンの妻エウェルはそれがクー・フリンとアイフェとの息子コンラだと気づき、行かないよう説得するが、クー・フリンはアルスターの名誉のために行かねばならないと言い、コンラと戦ってゲイ・ボルグで殺す。その後、子どもの鎧を外し、指にかつて自分が贈った指輪があるのを見て、その子が自分の息子コンラであることに気づき、悲嘆にくれる。

†英雄による息子殺し

インド＝ヨーロッパ語族の神話には英雄が息子を殺すモチーフがしばしば現れており、特にイラン神話のロスタムとソホラーブの物語がよく知られている。イランの神話は一〇世紀の詩人フェルドゥシーの『王書』によって伝えられているので、それに拠りながら紹介しておこう。

イラン最大の英雄ロスタムはタハミーネという女性との間に子をもうけ、子どものために腕輪を与え、男の子ならそのまま腕につけさせ、女の子ならネックレスなどの装身具にして身に着けさせるよう言い残した。やがて男の子が生まれ、ソホラーブと名づけられた。ソホラーブは成長し、自分の素性を母から聞くと、父である英雄ロスタムと自分の力があれば世界を支配することもできると考え、まず父ロスタムをイラン王の臣下から解放し、イランの王位につけるため、イランへ向かうことを計画する。そこで、イランと敵対するトゥーラーンから軍を借りることを思いつき、トゥーラーンへ向かう。

トゥーラーン王は、ソホラーブをロスタムにぶつけ、宿敵ロスタムを排除することができれば、若輩のソホラーブを手玉に取りイランを手に入れるのはたやすいと考え、またもし失敗してソホラーブがロスタムの手にかかれば、それはそれでロスタムに一矢報いることができると考えた。そこで、配下を目付け役として付け、必ずロスタムとソホラーブを戦わせるよう言い含めたうえで、ソホラーブに軍を与えた。ソホラーブは破竹の勢いで進軍し、イラン側では王自らがロスタムをはじめ諸将を率いて迎え撃つことになった。ソホラーブはイランの陣容を前に、捕虜にしたイランの将にロスタムの旗を尋ねるが、ロスタムに万一が起こることを恐れた将は答えず、同行していたトゥーラーンの将も、王からロスタムとソホラーブを戦わせるよう言い含められていたため、ロスタムの旗印を教えない。

両者は戦場でお互い親子と知らないまま出会うが、ソホラーブの誰何に対して、ロスタムは自分に万が一のことがあればイラン軍が瓦解することを恐れて名乗らず、ソホラーブの腕輪は鎧で隠れ、お互いに気づかないまま、一騎打ちに突入した。ソホラーブがロスタムを圧倒し、組み伏せることに成功するが、ロスタムは、一度目は見逃し、二度目に組み伏せたときに首を切るのがイランの流儀だとだまし、その場を逃れる。

さて、ロスタムはもともときわめて膂力《りょりょく》が強く、生まれたころには一歩歩くごとに地面に足がめり込むほどで、日常生活に支障をきたしたため、力の一部を神に預けていた。ソホラーブに敗れた夜、ロスタムはかつて神に預けた力を返してもらう。翌日再びロスタムとソホラーブが相まみえると、今度はロスタムがソホラーブを倒し、組み伏せる。ロスタムは躊躇《ちゅうちょ》なくソホラーブの首を切り、致命傷を与えるが、父ロスタムが仇をとってくれるだろう、というソホラーブの言葉を聞き、ロスタムの子であるという証拠があるか尋ねると、ソホラーブは自分の腕輪が証拠だと答える。

ロスタムは鎧を外し、かつて自分が贈った腕輪があるのを確認すると、自分の浅はかさと運命を悔やみ、イラン王の持つ万能の治療薬を借りるために、王のもとへ行くが、対峙中ソホラーブにさんざん罵倒されていた王は、ロスタムの頼みを拒否し、ソホラーブは息絶える。ロスタムは悲嘆にくれ、トゥーラーン王への復讐を誓う。

このように、身元を確認する道具がクー・フリンの場合は指輪、ロスタムの場合は腕輪といった細かい部分での違いはあるが、両者の筋立てはよく似ている。また、これらと筋立ては違うが、ギリシア神話にも、ヘラによって狂気を吹き込まれたヘラクレスが自分の息子たちを敵と思いこみ殺す話がある。ちなみにヘラクレスはその後わが子を殺した穢《けが》れをはらう贖罪《しょくざい》のため、有名な一二の勤めに従事することになる。

†クー・ロイの死

マンスターの王クー・ロイは優れた戦士でもあり、策略や魔術にも長けた人物であった。もともとアルスターとコナハトの争いに関しては中立であったが、「クアルンゲの牛捕り」では、アルスターの不利な形勢を見て、コナハト側で参戦する。クー・フリンがコナハト軍を一騎打ちで止めていた際には、フェル・ディアの次にクー・フリンと戦うよう求められる。一度は承知するも、クー・フリンがフェル・ディアとの戦いで負傷していることを知り、ハンデを負ったクー・フリンに勝利しても名誉にならないと拒否する。また、後で触れるブリクリウの饗宴《きょうえん》の物語で、クー・フリン、コナル・ケルナッハ、ロイガレの三人が争ったときには判定役を務め、クー・フリンが最も勇敢であると判定している。

フィル・ファルガ島（現在のマン島のことだといわれる）の王が、アルスターを襲撃し、略奪を働くと、クー・フリンは、その報復にフィル・ファルガ島へ行き、宝物と王の娘ブラーナトを略奪することになった。このとき、クー・ロイが協力を申し出たため、クー・フリンはクー・ロイとともにフィル・ファルガ島へ赴く。襲撃は成功するが、ブラーナトはクー・フリンに恋をしてしまう。さらに、クー・ロイが協力の分け前としてブラーナトを要求する。クー・フリンが拒否するとクー・ロイはブラーナトをさらい、自分の砦へ逃げ込んだ。

クー・ロイは魔術で自らの魂をリンゴに移しており、そのリンゴを川に住み、七年に一度しか姿を現さない鮭の腹の中に隠していた。したがって、肉体をいくら傷つけてもクー・ロイを倒すことはできず、フェル・ディアとは別の意味で不死身の英雄であった。ブラーナトはクー・ロイのこの秘密を探り出すことに成功し、ひそかにクー・フリンに教えた。そこでクー・フリンは、鮭を殺し、クー・ロイを倒した。クー・ロイお抱えの吟遊詩人は、主人が殺されたことで絶望し、主人を裏切ったブラーナトともども砦から身を投げた。

別のヴァージョンでは、クー・フリンは、クー・ロイの砦に来たものの、クー・ロイの部下たちが守りを固めていたため、容易に手が出せなかった。クー・ロイの配下が砦を離れた隙に、ブラーナトは川にミルクを流し、クー・フリンに合図を送った。クー・フリンは、川が白くなったのを見て、砦を襲撃し、クー・ロイを倒した。

ところが、クー・ロイを倒したことにより、クー・フリンはクー・ロイの息子ルギドの恨みを買うことになり、これがクー・フリンの最期につながっていくことになる。

†クー・フリンの最期

コナハトの女王メズブは、クー・ロイの子ルギドなど、クー・フリンに父や親族を殺された者たちを集め、クー・フリンを倒す陰謀を企む。さて、クー・フリンは、名前に「犬」が含まれているため犬の肉を食べないというゲシュを自分に課していた。また、当時のアイルランドでは他人からのもてなしを断ることはタブーであった。そこでルギドらはこれを利用し、もてなしとしてクー・フリンに犬の肉を提供した。板挟みになったクー・フリンは、やむなくゲシュを破り犬の肉を食べた。クー・フリンはゲシュを破ったため弱体化し、その隙をついてルギドたちはクー・フリンを襲撃した。

ルギドは襲撃に備え、前もって三本の魔法の槍を作成したところ、それぞれの槍が王を殺すという予言を得た。一本目の槍は、クー・フリンの御者ラエグ（御者の王）に命中し、彼を殺した。二本目がクー・フリンの馬リア・マハ（馬の王）に当たった。三本目がクー・フリンに致命傷を与え、クー・フリンは戦車から落ちた。リア・マハはクー・フリンの下へ戻り、歯で五〇人、蹄で三〇人の敵を倒して主人を守るも、致命傷を負ったことを悟ったクー・フリンは自分の体を石に縛りつけ、立ったまま絶命する。遠巻きにしていた敵たちは、クー・フリンの肩に烏（戦いの女神モリガンの化身といわれる）が止まっても身動きしないのを見て、その死を知った。ルギドがクー・フリンの首を取ろうと近寄ったところ、クー・フリンの手から剣が落ち、ルギドの腕を切り落とした。そこで、ルギドはクー・フリンの腕を切り落とした後、改めて首を取った。

さて、アルスターの戦士コナル・ケルナッハは、もしクー・フリンが死ぬようなことがあれば、その日の日没までに復讐すると誓っていた。リア・マハは、コナル・ケルナッハをクー・フリンの下へと導き、クー・フリンの死を知ったコナルは誓いを守り、殺害者たちに復讐を果たした。

†罠による英雄の最期

なお、先に紹介したペルシアの英雄ロスタムの最期も罠にはめられてのものである。ロスタムの異母弟シャガードがカブール王の娘と結婚することとなった。カブール王は、以前からロスタムに貢納していたが、ロスタムの身内となったため、貢納を免除されることを期待したが、ロスタムは、シャガードの結婚後も従来通り貢物を要求した。シャガードは、自分の舅《しゅうと》を身内扱いしないロスタムを恨み、カブール王とロスタム殺害の陰謀をめぐらす。そこで、カブール王はシャガードを冷遇し、シャガードはロスタムにカブール王に対する不満を訴えた。

ロスタムは弟の言葉を信じ、カブール王を詰問したところ、カブール王はロスタムに謝罪し和解の宴へ招待した。これはシャガードとカブール王がロスタムをおびき出すために仕組んだ罠であり、もくろみが成功したシャガードは落とし穴の罠を用意し、ロスタムをカブール王の下へ案内する役を買って出て、落とし穴へ導いた。ロスタムは愛馬ラクシュもろとも落とし穴にはまり、致命傷を負う。シャガードは木の陰に隠れ、その様子を窺っていたが、ロスタムは瀕死の重傷を負いながら落とし穴から這い出て、シャガードにはめられたことを悟ると、木もろともシャガードを弓で射抜き、息絶える。

また、ギリシアの英雄ヘラクレスは、ネッソスの血を塗った上着を着せられ、その毒で苦しむも死にきれず、生きながら火にくべられ天へ昇ったと伝えられる。このようにインド＝ヨーロッパの神話の英雄たちはいずれも正面切っての戦いでは無敵だが、陰謀や罠にはめられて最期を迎えることになる。

†インド＝ヨーロッパ語族の三機能区分

このようにインド＝ヨーロッパ語族の神話にはさまざまな類似点がみられるが、それらに共通する構造を見いだそうとしたのが、フランスの神話学者ジョルジュ・デュメジル（一八九八―一九八六）である。デュメジルは、インド＝ヨーロッパ語族の神話を比較分析し、三機能区分の構造が存在することを主張した。その主張は、インド＝ヨーロッパ語族の神話には、⑴祭司、⑵戦士、⑶生産者という区分が存在し、神話の神々や英雄はこの区分に対応した役割分担がなされており、またこの構造に基づく世界観が神話の物語にも反映されているという理論である。そしてデュメジルは、インド＝ヨーロッパ語族の人々が、この三機能区分の構造を理想とする世界観を抱いており、それがインド＝ヨーロッパの神話や社会構造に反映されることになったという。

三機能区分の具体的な例としては、先に触れた『マハーバーラタ』であれば、パーンダヴァの五兄弟は、ユディシュティラが祭司階級、ビーマとアルジュナが戦士階級、ナクラとサハデーヴァが生産者階級を表している、という。また社会構造の点では、インドのカースト制度にもこの三機能区分が反映されており、バラモンが祭司階級、クシャトリヤが戦士階級、ヴァイシャが生産者階級に相当するという。

デュメジルの理論に対してはさまざまな批判もあり、その有効性については意見の分かれるところである。ケルトの神話についても一九四〇年代にマリー＝ルイーズ・ショーステッドらが、三機能区分に基づいた分析を試みているものの、デュメジルがインドやローマ、ゲルマンの神話について分析してみせたような明確な構造は見いだしにくく、あまり注目されていない。

3　ケルト文化とインド＝ヨーロッパの要素

†首切りゲーム

このようなインド＝ヨーロッパの神話に共通の物語とは別に、クー・フリンの物語で描かれている首切りゲームを取り上げ、ケルト文化との関係をみてみよう。首切りゲームが出てくるのは、「ブリクリウの饗応」の物語である。

アルスター王コンホヴァルの家臣ブリクリウは、毒舌の嫌われ者であったが、アルスターの勇者たちを自分の館での酒宴に招待した。そこでブリクリウは、ロイガレ、コナル・ケルナッハ、クー・フリンの三人に誰が一番の勇者かを争わせた。さまざまな争いの末、三人では決着をつけられず、マンスター王クー・ロイの下へ行き、クー・ロイによってクー・フリンが一番だと判定される。アルスターに戻ってくると、選ばれなかった二人は、周りに決着はつかなかったと言い、クー・フリンも自分が選ばれたことを自慢する気はなく、あえてそれを訂正しなかった。

その後、アルスターの戦士たちの詰め所である赤枝の館に大男がやってきて、自分の首を切らせてやる代わりに、次の日にはその者の首を刎ねさせるよう挑戦する。挑戦を受けた者が男の首を切ると、男は首を持って立ち去り、首を切った者は恐れて次の日には逃げ出した。男の挑戦を受けたアルスターの戦士たちは、ロイガレやコナルも含め、皆同様に逃げ出した。クー・フリンに順番が回ってくると、クー・フリンだけは逃げずに男との約束を守り、男の首を切った翌日、自分の首を差し出した。男はクー・フリンが一番の勇者だと称え、首を切らずに立ち去る。

†ガウェインと緑の騎士

「ブリクリウの饗応」に描かれているのと同様の首切りゲームが、中世英文学の作品「ガウェインと緑の騎士」にも描かれている。

あるクリスマス、アーサー王の宮廷に緑の馬にまたがった全身緑色の装いの騎士が現れ「首切りゲーム」を申し込む。ガウェインが挑戦を受け、騎士の首を切ると、騎士はその首を拾い、一年後、「緑の礼拝堂」で今度は騎士がガウェインの首を切る約束を確認して去る（図3－2）。

ガウェインは「緑の礼拝堂」を探して旅に出る。やがて、ある城館に立ち寄り、毎朝、城館の主人が狩りで得た獲物とガウェインが城館の中で得たものとを交換する約束をする。

主人が狩りで留守の間、ガウェインは奥方から誘惑され、口づけを交わす。翌朝、主人は鹿を、ガウェインは口づけを相手に与える。翌日も同様のことが続き、三日目、ガウェインは奥方から口づけのほかに緑の腰帯（ガーター）を受け取るが、主人には渡さず、城館を去る。

図3-2　ガウェインと緑の騎士

ガウェインは「緑の礼拝堂」にたどり着き、クリスマスに約束通り騎士に首を差し出す。騎士は二度寸止めした後、三度目にガウェインの首に傷をつけるだけにとどめる。緑の騎士の正体は城館の主人で、城館での三日間のうち、二日はガウェインが正直に約束を守ったため、二回は寸止めですまし、三日目に腰帯のことを黙っていた罰として、三度目に首を傷つけたこと、緑の騎士の姿は、アーサー王の姉モルガンの魔術によるものであることを明かす。二人は互いの礼節と武勇を称え、ガウェインはアーサー王の宮廷へ帰り、今回のことの顚末を報告する。アーサー王はガウェインの差し出した緑の腰帯を改めて栄誉の証としてガウェインに贈る。

この物語はアーサー王伝説のうちの一つで、主人公ガウェインはアーサー王の甥《おい》である。アーサー王伝説の起源については諸説あり、ここでは深入りしない。少なくとも、アイルランドやウェールズの物語と多くの共通点があるので、これらがアーサー王伝説の源泉の一つであることは間違いないと思われる。また、「ガウェイン」は、ウェールズ語やアイルランド語の物語では「グワルフマイ」と呼ばれている。文献上ではこの名前の初出は、後述のウェールズ語の物語集『マビノギオン』に収録されている物語であり、「ガウェイン」というのは「グワルフマイ」が英語風に訛《なま》った名前と思われ、ガウェインはもともとウェールズ起源の英雄である可能性が高い。したがって、この物語もウェールズ起源の物語と考えられ、クー・フリンとガウェインの物語に共通する首切りゲームのテーマは、アイルランドとウェールズに共通する要素といえるだろう。

†頭部信仰との関連性

これらのほかに首切りに関連する物語としては、『マビノギオン』中の物語「スィールの娘ブランウェン」がある。現在『マビノギオン』と呼ばれているのは、一四世紀頃の写本に残されているウェールズ語の物語集で、全部で一一の物語が収録されている。最初の四つは『マビノギの四枝』と呼ばれ、同じ登場人物が出てくるなど、緩やかに関連した物語となっている。それ以外はフランスの文学者クレティアン・ド・トロワの作品の翻案と思われるアーサー王に関連する物語が三篇、ウェールズに伝わる物語が四篇（そのうちの二篇はアーサー王に関連するものであり、その一つが前述のグワルフマイが出てくる物語）となっている。

「スィールの娘ブランウェン」は『マビノギ』の第二枝の物語で、そこでは、ブリテン島の王の妹ブランウェンとアイルランド王が結婚するが、結婚式の出来事がきっかけで、アイルランド王はブランウェンを冷遇するようになる。それを知ったブリテン島の王は、妹を救うため、アイルランドに侵攻する。アイルランドに攻め入ったブリテン軍が勝利するも、ブリテン側もほぼ壊滅し、自分も致命傷を負った王は、自分の首を持ち帰るよう臣下に命じ、首だけになってブリテン島に帰還する。

このような首切りは、ケルト人の首への信仰と関連しているのかもしれない。紀元前一世紀の著作家ストラボンやディオドロスが伝えるところでは、ケルト人は頭にその人の力が宿ると信じており、ケルトの戦士は倒した敵の首を切り、馬にくくりつけて持ち帰り、家の戸口に釘で打ちつけ、魔除けとして飾るという。また、名高い敵の首は樹脂で保存するとも述べている。

もちろん、古代の大陸のケルト人に関するギリシア・ローマの古典文献の記録と、中世のアイルランドやウェールズの物語とは時代、地域、史料の性質などが異なるものなので、安易に比較することには問題があるが、第2章でもみたように、両者の間にみられる多くの類似点を考慮すると、中世のアイルランドやウェールズの神話にはケルト的な考え方、物の見方といったものが反映されている可能性は十分にあるだろう。また、このようなアイルランドとウェールズの物語の間の一致は、これらをケルト文化とみなす余地も残しているといえる。

†ケルト人の暦

また、ケルト人がインド＝ヨーロッパから受け継いだ要素は、神話にのみ表れているのではない。ケルト文化に残る、神話以外のインド＝ヨーロッパの要素についてもみてみよう。まずそのような要素の一つには暦が挙げられる。

ギリシア・ローマの古典文献には、ケルトの暦に関する記述はほとんどない。カエサルは、『ガリア戦記』第六巻一八章で、「ガリア人はすべての時間の経過を、日の数ではなく、夜の数で計算する。誕生日や一月や一年のはじめも、日（昼）が夜に続くと考えている」と述べているが、ここからはケルト人の暦が太陰暦であったことと、日、月、年という区別があったことが推測できるだけである。また、プリニウスは『博物誌』第一六巻二五〇節で、ドルイドの儀式について述べる際、その儀式を行う日は「一月と一年、そして三〇年の周期の始まりである月の六日目」であると記している。ここでいう六日目というのはローマの暦で月の六日目ということであろう。

この記述を信じるならば、ケルトの暦は三〇年の周期を持っており、年や月の始まりの日はローマの暦とずれていたということになる。太陰暦でも月齢とのずれが生じるため、それを調整するための閏年《うるうどし》が存在する。たとえば、イスラム教で用いられているヒジュラ暦の場合、三〇年間に一一回閏年を設け、年末に一日追加することで月齢とのずれを調整している。プリニウスのいう三〇年という周期がヒジュラ暦の周期と関連があるかどうかは分からないが、このような数字の一致はケルトの暦が太陰暦であったことを推測させ、一九世紀まではそのように考えられてきた。

†コリニーの暦

一八九七年、フランス中部、ジュラ山脈の麓リヨン近郊ルヴェルモンで、約一五〇の青銅の破片が発見された。これらは一―二世紀頃のもので、復元の結果、もともとは縦九〇センチメートル、横一四八センチメートルの一枚の板で、そこにはラテン文字ガリア語で暦が記されていた。この暦はコリニーの暦と名づけられ、現存しているのは全体の四〇パーセントほどであるが、ケルト人の暦について具体的に知ることのできる貴重な史料であ

図3-3　コリニーの暦（全体）

り、またこれまでに発見された最長のケルト語碑文でもある（図3-3、3-4）。

コリニーの暦には、元来、五年分の暦が記されていた。一年は一二か月で、そのうち、七か月は三〇日、五か月は二九日、一年で三五五日となる。さらに二年半ごと、つまり三〇か月ごとに一度、閏月が挿入され、五年で六二か月となっている。したがって、この暦は太陰暦に基づきつつ、閏月によって太陽暦との誤差を埋める、太陰太陽暦である。閏月はそれぞれ三〇日であるので、五年で一八三五日となるが、実際には、二年目に本来三〇日であるはずの月が三二日となっていたり、五年目にはほかの年では二九日となっている月が三〇日になっているなど、イレギュラーな部分があり、五年で一八三八日となる。ただし、これらは単なる誤記かもしれないし、現存していない部分にも同様のイレギュラーがあったかもしれない。

コリニーの暦のそれぞれの月には、最初の月から順にサモニオス、ドゥモニオス、リヴロス、アンガンティオス、オグロニオス、クイトス、ギアモニオス、セミウィッソンス、エクオス、エレムビウィオス、アエドリニオス、カントロスという名前がつけられている。そして、それぞれの月は、真ん中を境に前半と後半に分けられ、三〇日の月は一五日ずつ、二九日の月は前半が一五日、後半が一四日に分けられている。

コリニーの暦の始まりの月、サモニオスは、現在の暦の一一月頃にあたるとする説が有力である。これは、サモニオスがアイルランド語のサウィンという言葉と対応していると考えられており、そのサウィンがアイルランドの伝統的な暦では、一〇月三一日の夜から一一月一日を指すと同時に、そのまま一一月の名称ともなっているからである。

図3-4　コリニーの暦（部分）

ただし、これには異論もあり、サモニオスは語源的には「夏」を意味すると考えられているので、現在の暦の六月頃だとする説もある。古代ギリシアの暦はポリスごとに異なっているが、アテナイの暦は夏、現在の七月頃から一年が始まる暦であった。ケルト人の暦が同様に夏から始まる暦であった可能性も十分にありうる。

コリニーの暦には、イウォスと記されている日があり、年によって異同があるが、サモニオス、ドゥモニオス、アンガンティオス、ギアモニオス、エレムビウィオスの前後二日から五日間、各月の真ん中の三、四日、セミウィッソンスの九日目、アエドリニオスの最初の三日と二五日目がこれに当たる。このイウォスと記されている日は何らかの祭日ではないかと考えられているものの、詳しいことは分かっていない。

コリニーの暦のそれぞれの月には「マット」あるいは「アンマット」という言葉が付されているが、これらはそれぞれ「良い、完全な」、「悪い、不完全な」という意味の単語の略と思われ、その月が三〇日の大の月か二九日の小の月かを示しているとする考えが有力である。ただし、これらの「マット」「アンマット」という単語は、月だけではなく、日にも付されていることがあり、何らかの宗教的な意味、たとえば、我々の暦でいうところの大安とか仏滅のようなものを暗示している可能性も否定できない。

†インド=ヨーロッパ的要素との関連

さて、このコリニーの暦と同様の暦がインドでも知られている。インドに伝わる『ジュヨーティシャ・ヴェーダーンガ』と呼ばれる書物があり、これはインドに伝えられていたさまざまな暦を集めたものだが、その中に記されている暦の中には、五年の周期で、一年半ごとに閏月を挿入する、コリニーの暦に似た暦も記されている。『アルタ・シャーストラ（実利論）』にも五年の周期で、一年半ごとに閏月を挿入する暦が存在した記述がある。また、暦以外にもガリアではあぐらをかいた姿の神像が発見されており、これらのインドとの類似が、何か共通の起源に由来するものであるのか、単なる偶然なのか分からないが、地中海を跳び越えて、インドにガリアと類似した現象が見いだされるのは興味深いことである。

　暦は天体の運行を基礎としているので、暦の作製には天文学の知識が不可欠であり、閏月を用いて太陽年とのずれを調整するためにはそれを計算するための数学の知識も必要となる。ケルト人が天文学や数学について、どの程度の知識を持っていたのか明らかでないが、ひょっとすると、コリニーの暦と『ジュヨーティシャ・ヴェーダーンガ』に伝えられている暦の背景にあった天文学的知識は、似通ったものであったのかもしれない。

　ちなみに、ローマの暦は、伝説ではローマの建国者ロムルスが制定したとされる。当初、一年はマルティウスからデケムベルまでの一〇か月であったが、第二代の王ヌマ・ポンピリウスがデケムベルの後にヤヌアリウスとフェブルアリウスを加え、一年は一二か月となった。この暦は一年が春から始まっていたが、スペインでケルトイベリア戦争およびルシタニア戦争が始まると、紀元前一五三年、一年の始まりがマルティウスからヤヌアリウスへと改められた。

ローマでは官職は原則として任期一年であり、年初に交代することになっていた。古代には、冬には戦いは行われず、戦争が可能な時期は春から秋にかけてであった。しかし、一年が春から始まると春は引き継ぎなどの準備に費やされるために戦争可能な時期が短くなり、戦争が長期化してしまうこととなった。そこで、この問題を解決するために一年の始まりの時期をずらしたのである。

一年の始まりの月がマルティウスからヤヌアリウスへと変えられても、月の名前は変更されなかった。そのため、セプテムベル、オクトベル、ノウェムベル、デケムベルはそれぞれ七番目の月、八番目の月、九番目の月、一〇番目の月を表していたのが、二か月ずれて、九月、一〇月、一一月、一二月となったのである。

紀元前四六年、大神祇官であったカエサルがエジプトの太陽暦をもとにユリウス暦を制定し、紀元前四五年から採用された。また、七月と八月はそれぞれクインクティリス（五番目の月）、セクスティリス（六番目の月）と呼ばれていたが、カエサルがクインクティリス、カエサルの養子でローマの初代皇帝アウグストゥスがセクスティリスの生まれであったため、それぞれ二人の名からユリウス、アウグストゥスと呼ばれるようになった。これが改訂されて現在我々が用いているグレゴリオ暦となったわけだが、暦が一月という冬のさなかから始まるようになった原因には、ケルト人も一枚かんでいるのである。

コラム

ケルト人の部族

ケルト人はハルシュタット期から多くの部族に分かれていたと思われる。コインの銘を除けば、ケルト語の碑文に部族名が出てくることはきわめて稀なので、どのような部族が存在したのかは基本的にギリシア・ローマの古典文献に頼るしかない。ただし、移住によって一つの部族が複数に分かれたり、戦争により統合されたりといった変動があり、また史料により、同じ部族がケルト人とされていたり、ゲルマン人とされていたり、見解が分かれる場合などがあるため、ケルトの部族の正確な数は明らかでない。

大陸の部族について最も史料が豊富なのはガリアであり、現在のフランスでも首都のパリを含む多くの都市がかつてのケルトの部族名にちなんで名づけられている。たとえばパリシイ族（パリ）、レミ族（ランス）、トゥロネス族（トゥール）、ナムネテス族（ナント）、ピクトネス族（ポワティエ）などである。また、古代にはライン川までがガリアと呼ばれていたので、ドイツのトリアもガリアのケルト人部族トレウェリ族にちなむ名前である。

紀元前一世紀のガリアの場合、カエサルの『ガリア戦記』には、ケルトかゲルマンか曖昧なものも含めて一〇〇以上の部族名が記録されている。ただし、その中には名前以外詳しいことがほとんど分からない部族もあり、実際に居住地などが比定されている部族は八〇程度である。また、一世紀の詩人ルカヌスの『内乱賦』には、ガリアの部族表と呼ばれる、カエサルのもとに集められたガリアの部族を一覧にして説明した箇所があるが、そこで言及されている部族名は一八に過ぎない。これらの史料から、おそらく紀元前一世紀のガリアでは、部族の総数は八〇から一〇〇程度、そのうち有力な部族は二〇ほどだったと考えられている。これら有力部族の勢力範囲はおおよそ現在のフランスの行政区分の一県か二県ほどに相当し、古典文献の記述によると、人口は大きな部族で二〇万ほどだったようだ。

上記のほかには、紀元前五世紀にガリアの覇権を握っていたと伝えられるビトゥリゲス族、フランスのオーヴェルニュ地方の語源となったアルウェルニ族、セーヌ川と同じ語源のセクアニ族、親ローマ派部族のハエドゥイ族、年に一度ドルイドが集まったといわれるカルヌテス族、ベルギーの語源となったベルガエ族、現在のスイスに住んでおり、カエサルのガリア遠征のきっかけとなったヘルウェティイ族などが有名である。

ガリア以外の主な大陸の部族名としては、北イタリアに移住した部族として、紀元前四世紀頃から、まずラオイ族（ラエウィ族）とレベキオイ族（リブイ族）がパドゥス川（現ポー川）上流に、続いてインスブレース族やケノマニ族がパドゥス川下流に、その後、パドゥス川の南にアナレス族、ボイイ族、リンゴネス族、セノネス族が移住したとされる。このうち、リンゴネス族やセノネス族はカエサルの『ガリア戦記』にも名前が出てくる部族で、ガリアから部族の一部が北イタリアに移住したのであろう。ボイイ族はもともとはガリアに住んでいた部族だが、紀元前四―三世紀には現在のチエコのあたりにも移民を送り出し、ボヘミアの語源になった部族である。北イタリアと中央ヨーロッパに同時並行で移民を送り出していることから、当時はかなり大きな部族であったようだ。

小アジアのガラティアでは中央にテクトサゲス族、西部にトリストボギオイ族、東部にトロクモイ族が居住していた。ケルトイベリアではケルトイベリア戦争のきっかけとなったベッリ族、ティッティ族、ルソネス族、アレウァキ族などが知られている。

ブリテン島ではカトゥウェッラウニ族、サトクリフの小説『闇の女王にささげる歌』の主人公ボウディッカ女王で知られるイングランド東部のイケニ族、同著者の『第九軍団のワシ』でワシの像が飾られていたスコットランドのエピディイ族、イングランド北部のブリガンテス族、地質年代のシルル紀の語源となったシルレス族、同じくオルドビス紀の語源となったオルドウィケス族などが知られている。

第 4 章

文字の発明

ベレサマの奉献碑文（アヴィニョン、カルヴェ博物館蔵）

1　史料としての碑文

これまでの章では、ダーナ神話やアルスター物語といったアイルランドの神話・伝説を紹介しながら、ケルト人の文化・風俗や、インド＝ヨーロッパ語族との共通点についてみてきた。本章と次章ではケルト人自身が残した、碑文などの史料とそこから読み取れるケルト社会の側面や宗教などについてみていこう。

†ケルト人の言語

ケルト人は文字を持っていなかったと説明されることがあるが、これは正確な表現ではない。古代のケルト人がわが国のかな文字のような独自の文字を発明しなかったという意味でなら、おおむね正しく、ケルト人が作り出した最初の独自の文字体系は、中世のオガム文字と呼ばれる文字である。オガム文字はアイルランド最古の文字で、伝説によると、トゥアタ・デー・ダナンのオグマによって創案され、オガム文字という名もオグマの名にちなんでつけられたという。

現存するオガム文字の碑文は約三〇〇点で、多くは五―六世紀頃のものと推測されている。ほとんどはアイルランドから出土したものだが、ウェールズなどブリテン島からも数点出土例がある。オガム文字は石の角を利用し、角の左右それぞれに何本の線が出ているかで文字を表したものである（図4－1）。角にしか刻めないため、長文を記録するのには向かず、碑文のほとんどは墓碑で埋葬者の名前を記したものである。

古代のケルト人は独自の文字体系を作り出すことはなかったが、文字を用いていなかったわけではない。たとえば、カエサルは、紀元前五八年、ガリアに移住しようとしたヘルウェティイ族を、ビブラクテ（現オータン近郊）の近くで打ち破った後、その陣営跡からギリシア文字で人口を記した木簡を見つけたと述べている。また、ドルイドは、教えは文字に記さないが、ほかのことではギリシア文字を用いるとも記している。さらに、ギリシアの著作家アイリアノス（一七〇年頃―二三〇年以降）の『ギリシア奇談集』には、ケルト人は自分の武勇を後世に伝えるために碑文を建てる習慣があったことが述べられている。

図4－1　オガム文字が刻まれた石

ケルト人の用いていた言語、つまりケルト語は、古代のケルト人が用いていた大陸ケルト語と、現在でもアイルランドなどで用いられている島嶼《とうしょ》ケルト語とに分類される。島嶼ケルト語には、アイルランド語、スコットランド・ゲール語、マン島語、ウェールズ語、コーンウォール語、ブルトン語の六つの言語があり、このうちコーンウォール語は一八世紀に母語話者がいなくなり、マン島語は一九七四年に最後の母語話者が死去し、復興運動が行われているもののほぼ死語となっているが、残りの四つは現在でも使われ続けている。

大陸ケルト語には大きく四つの言語が分類されている。一つはガリア語であり、現在のフランスを中心に、数百枚の碑文が発見されている。これを多いと感じるか少ないと感じるかは人それぞれであろうが、たとえば、ヒッタイト語の碑文の場合は一万以上が知られており、ガリア語の解読には必ずしも十分な数の資料が発見されているとは言えない。また、言語の解読には既知の言語とのバイリンガルの資料が不可欠であり、ガリア語の場合にはラテン語とのバイリンガルの碑文が残されているが、こちらも十分な数がそろっているとはいえず、まだ完全には解読されていない。文字はギリシア文字、ラテン文字、エトルリア文字のものが知られている。大部分は断片的な短いもので、土器に所有者ないしは製作者と思われる名前が記されているだけ、といった具合である。ある程度意味が取れる長文の碑文は数が限られているものの、ケルト人自身が残したという点で貴重な史料である。

もう一つはケルトイベリア語であり、スペイン中央部を中心に、イベリア文字およびラテン文字で書かれた約一〇〇の碑文が発見されている。イベリア文字というのは、古代のイベリア半島からフランス南西部にかけての地域で、ローマの征服以前にケルト人を含むさまざまな民族によって用いられていた文字である。民族によってそれぞれの言語に合わせた多少のヴァリエーションがあるが、アルファベットのように子音と母音を区別するのではなく、かな文字のように、子音と母音を合わせて一文字で表す文字である（図4－2）。

　これらのほかには、北イタリアで使用されていたレポント語と現在のトルコ中央部で用いられていたガラティア語が知られている。前者は数枚の碑文が残されているだけであり、後者は碑文は残されておらず、地名、人名などの固有名詞のみギリシア・ローマの古典文

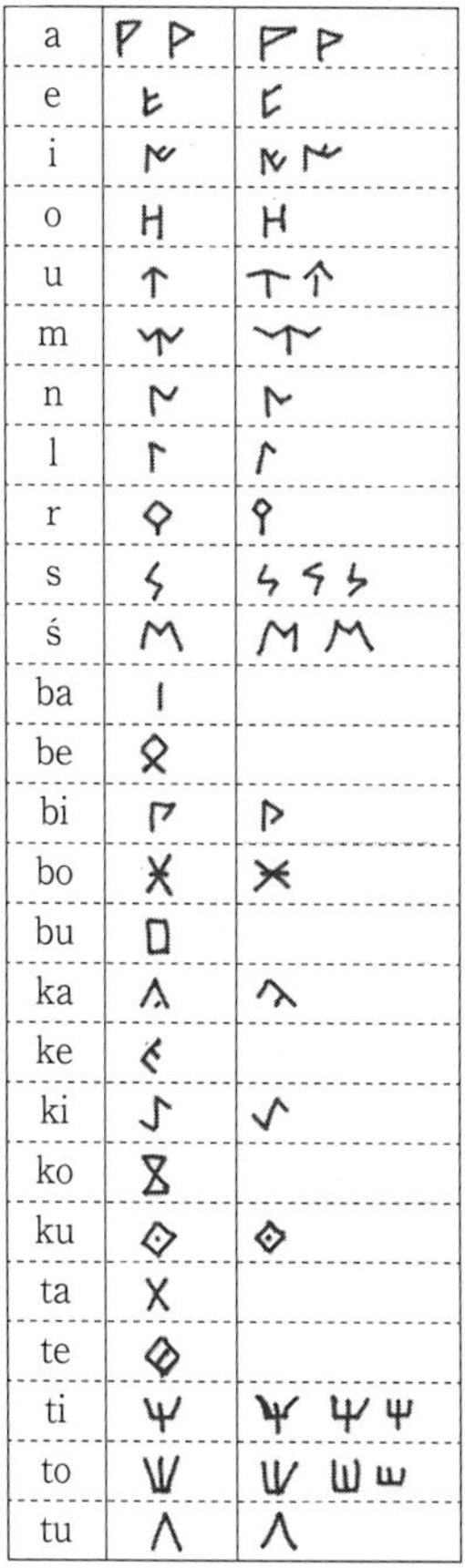

図4－2　イベリア文字の例

献に記録されて残っている。六世紀の聖ヒエロニムスの書簡によると、ヒエロニムスの時代にもガラティアではガラティア語が用いられており、ガリア語とよく似ていたという。ヒエロニムスの述べていることが事実であるなら、ガラティア語とガリア語は六世紀まで使われていたことになる。

†ガリア語碑文

ケルト人はまずギリシア文字を採用し、紀元前三世紀頃からギリシア文字を用いてガリア語を碑文に刻み始めた。その後、紀元前一世紀頃からはギリシア文字だけでなく、ラテン文字も用いるようになった。おそらく、ケルト人が紀元前三世紀頃からギリシア文字を用い始めたのは、ケルト人の傭兵活動と関連しているものと思われる。ケルト人は紀元前四世紀からギリシア人のもとで傭兵として雇われていたが、紀元前三世紀にはケルト人の傭兵活動はピークを過ぎ、傭兵の仕事がなくなったケルト人たちは故国へと戻ってくるようになったと考えられている（第6章参照）。その傭兵たちはギリシア人のもとで働く間にギリシア文字を覚え、元傭兵たちによってギリシア文字がケルト人の間に広まっていき、ギリシア文字を用いてガリア語が記され始めたのであろう。

ギリシア文字ガリア語の碑文は、石に刻まれているもののほか、土器片などに刻まれているグラフィティがある。土器片に刻まれたグラフィティはその土器の所有者を表しているものと考えられている。石に刻まれた碑文は墓碑と神々への奉献碑文が多い。墓碑はほとんどが埋葬者の名を記しているのみで、たとえば、「ウィンディオスの息子カビロス」「リトゥマロスの息子ビンモス」といった具合である。そのためグラフィティや墓碑から得られる情報はあまりない。奉献碑文には、神に祈りを捧げる際の定型文の決まり文句が用いられていたり、神々の名前が添え名とともに記されていたり、限られたものではあるが、ケルトの宗教を考える手がかりを与えてくれるものもある。

その後、ローマがガリアへと進出してくると、次第にローマ人が用いていたラテン文字が用いられるようになってくる。ラテン文字が用いられるようになると、ガリア語にはラテン文字では表せない音があるため、ケルト人は独自の文字を二文字追加した。一つは「棒線入りのD」と呼ばれている、Dの左の縦線の真ん中に横線を書き加えたもので（Ð）、英語の that の th のような音を表す文字であったと考えられている。もう一つはドイツ語の ch のような帯気音を表す文字で、Xに似たギリシア文字「X（キー）」をそのまま用いた。

ラテン文字ガリア語の碑文は、ギリシア文字ガリア語の碑文同様、大部分はグラフィティである。石に刻まれたもの、印章や指輪といった小物、食器などの日用品に刻まれたもの、コインの銘文など、ギリシア文字ガリア語碑文よりヴァラエティに富んでいる。前章でみたコリニーの暦や後で触れるシャマリエールの鉛板など、ガリア語碑文の中では例外的な長さの碑文もあり、ガリア人の言語や習慣を研究するための貴重な史料となっている。

石に刻まれたラテン文字ガリア語碑文には、ギリシア文字ガリア語のものと同様、墓碑や奉献碑文がある。墓碑はギリシア文字のもののように埋葬者の名前が記されているだけのことが多い。奉献碑文はこちらもギリシア文字のものと同じように、特定の決まり文句が用いられている。そのほかのものは所有者名が刻まれたもの、神へ捧げられたものなど、材質だけでなく、内容もさまざまである。

このほかに、北イタリアではエトルリア文字を用いたガリア語碑文も発見されている。ケルト人は古くからエトルリアと交易などを通してつながりがあり、エトルリア文字もそのような交流の中でもたらされたのであろうが、十分には普及しなかったようである。また、ガリア語ではないが、南西部のアクイタニアからはイベリア文字を刻んだ碑文も発見されており、フランス南西部とイベリア半島の文化的つながりが窺われる。

✝古代ケルト人の文学

さて、ケルト人が残した碑文にはどのようなことが書かれているのであろうか。シチリアのディオドロスによれば、ケルト人は、たがいに出会うときは言葉少なに謎めかして、多くの場合一つの言葉に広い意味をもたせて話をするのだという。また、ギリシア・ローマの著作家たちは、ケルト人の間には「バルドイ」と呼ばれる抒情詩人がいたことを伝えている。これらの例からは、ケルト人が独自の文学を持っていたことが窺われるが、これまでに発見された碑文には、ケルト人の文学作品が記録されているとはっきりわかるものはない。ガリア史の泰斗カミーユ・ジュリアン(一八五九―一九三三)は、ギリシア・ローマの古典からケルト人が持っていたであろう文学作品について考察し、ケルト人の文学として、教訓詩、歴史作品、頌詩《しょうし》や風刺詩、予言詩、祝詞、武勲詩といったジャンルの作品があったのではないかと推測している。

教訓詩というのは実用的な知識を詩の形式で表現したもので、ギリシアやローマでは、天文学や医学、農業などに関する知識を詩の形式で詠んだものが知られている。ヘシオドスの『仕事と日』、ウェルギリウスの『農耕詩』などが有名である。カエサルは『ガリア戦記』で、ガリアでは、ドルイドが天体とその運行や世界と大地の大きさ、事物の本質について考察し、若者に教えると述べており、天体の運行や大地の形状などを詩の形式で伝えたものがあったと推測される。

歴史作品は、ケルト人の起源や戦いをモチーフにした作品で、たとえば、紀元前四世紀、ブレンノスに率いられたケルト人は、ローマに侵攻して占領したと伝えられ、紀元前一世紀のアルウェルニ族の王ビトゥイトスは、ローマとの戦いに敗れ、その虜囚となったと伝えられているが、このような歴史的出来事が物語や叙事詩といった文学作品の形式へと整えられていったのであろう。ギリシア・ローマの歴史家たちもケルト人について記す際に、ケルト人の伝える話を典拠として利用したのかもしれないが、詳細は不明である。

頌詩や風刺詩などの詩もまた、バルドイたちが担っていたのかもしれない。予言詩は、予言を詩の形式で表現したものである。ギリシア・ローマの著作家たちはドルイドが人物や国家の破滅を予言する場面を描いており、その予言の根拠となった、黙示録のようなものや、ギリシアの神託のような未来を暗示する謎かけめいた詩があったのではないかとジュリアンは推測している。

祝詞は神々を言祝ぐ歌であり、インドの『リグ・ヴェーダ』のような神々について歌った詩がケルト人にも語り伝えられていたのであろう。もっとも、カエサルがドルイドは教えについては書き記すことはしないと述べていたように、もしも祝詞がドルイドの教えの範疇に入るのであれば、碑文など、書かれたものが残っていないのは当然かもしれない。

なお、五世紀ボルドー出身の医師・著作家マルケッルスが、ガリア語の祈りの文句を伝えている。マルケッルスは、「医学のプリニウス」とも呼ばれ、『医術について』という著作で当時の医学にまつわるさまざまなエピソードを記述している。その中でマルケッルスは、ガリア人が病気や怪我を治すときに唱える呪文を記録している。

たとえば、咽喉の痛みを治す呪文として、「くっついているものを取り除け、アイススよ、私は吐きたい！　悪いものを取り除け」という文句が挙げられている。また、目の治療の呪文として、「マルコスが私の目の中のものを連れ出してくれますよう」という文句が紹介されている。アイススは他の文献や碑文ではエススと呼ばれている神のことだと思われるが、その具体的な権能は明らかでない。マルコスも神だと思われるが、碑文など他の史料には現れないので、どのような神なのか分からない。ただ、これらの呪文がケルト人の祝詞と関係がある可能性はあるだろう。

武勲詩は、アイリアノスが述べているような、戦士の武勲を伝える詩である。ただし、先に触れたように、こういった文学作品は碑文には残されていない。もちろん我々の大陸ケルト語に関する知識が不十分で、気づいていないだけという可能性もあるので断言はできないが、少なくとも現時点では文学を読み取ることはできない。

では、現存するケルト語の碑文からはどのような情報が引き出せるのだろうか。一九世紀の作家フローベールは未完の遺作『ブヴァールとペキュシェ』の中で、「もしもウェルキンゲトリクスが覚え書きを書いていたら、我々はカエサルについて別の考えを持っていただろう」と書いている。ウェルキンゲトリクスの「覚え書き」はないが、我々はフローベールが見ることのできなかった、ケルト人の碑文を用いながらケルト人についてみていこう。

2　ケルト社会の諸側面

†コインの銘

ケルト人のコインには、銘ごとギリシアやローマのコインを模倣したもののほかに、独自の銘が刻まれているものがある。これらも広義の碑文であり、そのほとんどが人名や地名などの固有名詞であるが、正書法、音韻論、命名法研究などの観点からきわめて貴重な史料となっている。たとえば、ウェルキンゲトリクスの名前は、コインの銘ではVERCINGETORIXSあるいはVERCINGETORIXISと刻まれている。Xがラテン文字ではなく、ギリシア文字の「キー」がスペースの都合で短めに書かれたものだとすると、この文字はガリア語では強い帯気音を表すので、ケルト人はこの名前を「ウェルキンゲトリフス」ないしは「ウェルキンゲトリヒス」と発音していたのかもしれない（図4-3）。

また、ハエドゥイ族の銀貨にはDVBNOREIXという銘のあるコインがある。この名前は、『ガリア戦記』に登場するハエドゥイ族の有力者ドゥムノリクスのことと思われ、ケルト人は実際には「ドゥブノレイクス」と発音していたのかもしれない。

✝ケルト社会の政務官

一九七八年にフランス中部のアルジャントン＝シュル＝クルーズで発見された骨壺には「ウェルゴブレトゥス」という単語が刻まれていた。このウェルゴブレトゥスというのは、『ガリア戦記』によると、ハエドゥイ族の官職名である。ハエドゥイ族は毎年任期一年のウェルゴブレトゥスという政務官を選び、部族の支配を委ねていた。この政務官は、自国の領土から出てはならず、一つの家族から二人が政務官に任命されることも禁じられていたという。

図4-3　ウェルキンゲトリクスのコイン

カエサル以外にウェルゴブレトゥスについて触れているギリシア・ローマの著作家はいないが、この碑文によって、少なくともウェルゴブレトゥスという官職が実際に存在していたことが裏づけられる。この碑文はウェルゴブレトゥスが葬儀を準備したという内容であり、カエサルがウェルゴブレトゥスについて述べている内容と直接の関連はみられないため、細かい内容についてのカエサルの信憑性については確認できない。ただ、骨壺に入れられていたのがどのような人物か分からないが、ウェルゴブレトゥスの職務には葬儀も含まれていたのかもしれない。

ガリア語の碑文には、このほかにも官職を表す用語が現れている例がある。南仏ヴィトロルの教区教会に残されていたギリシア文字ガリア語の碑文には、「プラエトル」の称号を持つ人物が現れている。また、一八五九年に北イタリアで発見されたエトルリア文字ガリア語の碑文には「タノタロスの息子クイントゥス・レガトゥスとアノコボギオス、セトゥボギオスおよびエサネコスの息子アナレウィセオスとタノタロスが建てた」とあり、この「レガトゥス」は官職を表す称号と思われる。

これらはどちらもラテン語から借用されたローマの官職名である。碑文の年代が特定できないため断言はできないが、クイントゥスというのはケルトの名前ではなくローマの名前であることから、ローマ人によって征服された後のものであろう。ローマの属州となったガリアでは、ローマの官職を得る人物が現れるようになり、このような単語がガリア語の碑文の中で用いられるようになったと考えられる。

†ケルト人の政治体制

次にケルト人の政治体制はどのようなものだったのだろうか。カエサルなど古典文献の記述によると、ケルト人の社会は、王、戦士階級、祭司階級、民衆、奴隷などに階層化しており、王を頂点とするピラミッド型の社会構造になっていた。カエサルによれば、民衆はほとんど奴隷と同じとされている。

カエサルは、ガリア戦争時の部族の王の名前を詳しく記録している。その一方で、ウェルキンゲトリクスの父ケルティッルスについては、ガリア全土の支配権を得ていたが、王位を求めたために殺されたという。また、先に見たように「ウェルゴブレトゥス」のような政務官についての記述もある。ストラボンによると王政ではなく、貴族政が敷かれており、古くは毎年指導者が一人選ばれて統治したと述べられている。

これらの例からは、紀元前一世紀のガリアは、王政とは限らず、政務官による統治など王政以外の政治体制を採用する部族もいたようである。また、ハンニバルとアッロブロゲス族との交渉の場面や、『ガリア戦記』のいくつかの場面では、部族民の集会によって重要な決定がなされている。『ガリア戦記』の例では、トレウェリ族の王インドゥティオマルスは部族民に武装して集まるよう命じたが、これはガリア人の習慣では戦争の開始を意味したという。また、この集会に最も遅れてきたものは殺されると も述べられている。第七巻で描かれているハエドゥイ族の集会では、コンウィクトリタウィスがハエドゥイ族の習慣にしたがって、聖職者によって最高政務官に任命されたとある。

こういった記述からは、集会による民主政のような政体など、さまざまな政体が存在していたように見える。当時のガリアには多くの部族が存在し、それぞれの部族は一応独立していたわけだから、部族ごとにさまざまな政体が存在していても不思議はない。しかし、これらのギリシア・ローマの記録以外の史料からもケルト人の社会を考えてみたい。

図4-4　ドアの軸（左）と鍵（右）

ケルト人の社会を考える材料として、鍵に注目してみよう。ケルト最古の鍵は、北イタリアのエステで発見されたもので、紀元前七五〇年頃のものと推定されている。このような古い年代の鍵はほとんど見つかっておらず、ほかには紀元前四世紀頃のものと思われる鍵もいくつか発見されている。ケルト人の使っていた鍵は、現代のようなシリンダー式のものではなく、かんぬきである。横木には出っ張りが設けられており、扉に開けられた小さな穴から鍵を差し入れ、かんぬきを動かして解錠する仕組みになっていた（図4-4）。

紀元前一世紀の例としてマンヒングをみてみよう。マンヒングは南ドイツにあるオッピドゥムで、ギリシア・ローマの記録にはまったく現れないが、現在知られているオッピドゥムの中では最大の面積を持つ。

ここからは数種類の鍵がそれぞれ複数発見されている。これらの鍵は、おそらく住宅用ではなく、出入りを制限する必要がある施設に設けられたものであろう。具体的にどのような施設のものであったかは分からないが、可能性としては神殿の金庫などが考えられる。そのような出入りを制限する必要のある場所の鍵が複数存在しているということは、複数の人間が鍵のかけられた場所に出入り可能であったと想定することができるだろう。王など一人の人物による支配体制ならば、鍵は支配者のためのもの一つで済むはずだから、鍵が複数あるということは、ケルト人の社会構造は、王を頂点とするピラミッド型というよりはむしろ、複数の人間による寡頭政あるいは民主政であったと想像したほうがよいのかもしれない。

†三〇〇人の評議会

ケルト人はギリシア・ローマの古典文献によれば争いを好む人々であったとされている。たとえば、カエサルの『ガリア戦記』によると、ガリアでは至るところに党派があり、党派閥間で争いが絶えなかったという。しかし、ケルト人が争い好きな人々であったとしても、争いばかりでは社会が成り立たないであろうから、争いを収めるための何らかの調停の手段もあったと思われる。

ギリシア・ローマの古典文献によれば、ケルト社会ではドルイドが争いを裁定していたとされる。カエサルの『ガリア戦記』には、ドルイドが裁判を担当するという記述があり、ストラボンの『地理誌』では、「ドルイドは最も公正な人々とみなされており、そのため公私の裁決を任されている。以前には戦いの仲裁も行い、戦士たちが布陣しつつあるところへ止めに入ったりし、特に殺人の裁定は彼らに一任されていた」とある。この点に関して手がかりを与えてくれるのが、スペインのボトリータで発見された碑文である。

ボトリータはサラゴサ近郊の地であり、ここからは全部で四枚の青銅板に刻まれた碑文が発見されている。それらは発見された順番にボトリータ第一碑文、第二碑文、などと呼ばれており、ボトリータ第二碑文はラテン語の碑文であるが、残り三つはすべてケルトイベリア語の碑文である。ボトリータ第一碑文は、一九七〇年にボトリータの北約一キロメートル、現在のサラゴサの南約二〇キロメートルのところで発見された青銅板であり、紀元前一世紀頃のものと推測されている。表と裏の両面にイベリア文字で碑文が刻まれており、細部の解釈は研究者により異なっているが、表側の内容は二つの共同体の間での土地に関する取り決めであり、裏は、その規定を定めたときの立会人たちの名前ではないかと考えられている（図4－5）。

この表面の取り決めは、「ティリカンタム」と呼ばれるものによって行われている。この「ティリカンタム」という単語は、一九九四年に発見されたボトリータ第四碑文にも現れており、語源についてはいくつかの説があるが、おそらく「三〇〇」を意味するものと思われる。ボトリータ第一碑文では、この「ティリカンタム」が取り決めを行っていることから、「ティリカンタム」はそれぞれの共同体を代表する評議会のようなものであると考えられる。そして、裏面には全部で一四人の名前が書かれているが、これは表面に記されている取り決めに関わったものの名前であろう。評議会全員の名前だとすると人数が少なく、評議会の中でこの案件を中心となって進めたメンバー、現代風に言えば、議会の中の委員会のようなものが立ち上げられ、そのメンバーの名前なのではないかと思われる。このように碑文からは、何か問題が生じ

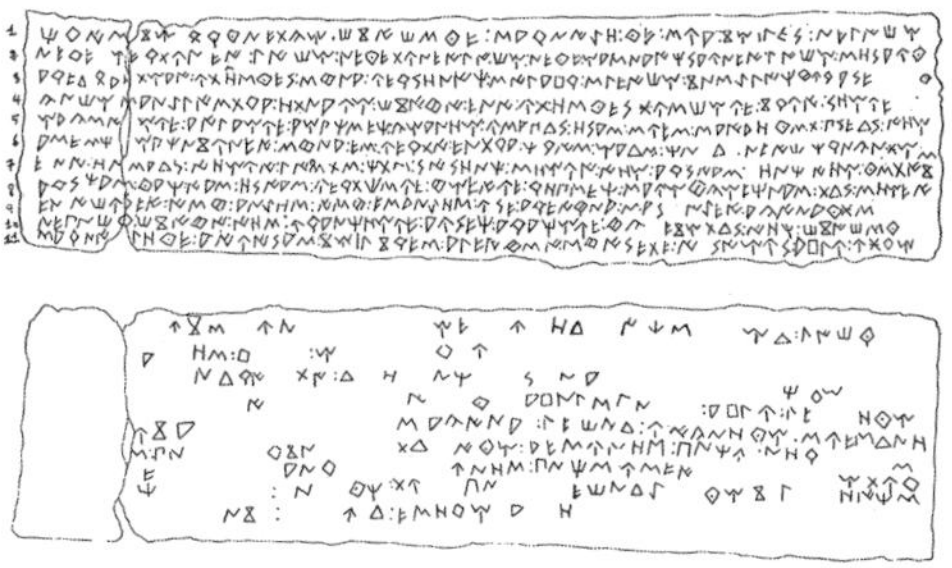
図4－5　ボトリータ第一碑文のスケッチ

たときには評議会が調停していたらしいということが読み取れる。

ところで、ストラボンが伝えるガラティア王国の政治体制によると、ガラティアには定員三〇〇人の評議会があり、ドリュネメトンと呼ばれる地に召集され、殺人の裁判を担当していたという。このストラボンの記述が事実であるなら、ケルトイベリアの評議会も同様に殺人などのトラブルを解決する役割を負っていたと考えられるかもしれない。それだけでなく、定員三〇〇人の評議会が、ケルト人の勢力圏の東の端であるガラティアと、西の端であるケルトイベリアにそれぞれ存在したことになる。ガラティアとケルトイベリア以外の地域の評議会については、カエサルなどの記述からガリアなどにも存在していたことが推測されるが、定員や具体的な権限などに関しては明らかではない。ただ、西の端と東の端に同様の定員三〇〇人の評議会が存在していたのなら、これはケルト人に共通の制度で、ガリアなど他の地域にも存在していたと考えられないだろうか。

†移民

ギリシア・ローマの古典文献には、ケルト人の移民についての記述がしばしば現れる。移民に関連すると考えられている碑文が、一九九二年に出土したボトリータ第三碑文である。一番上に二行にわたって簡単な説明があり、その下に四欄にわたって約二〇〇の人名

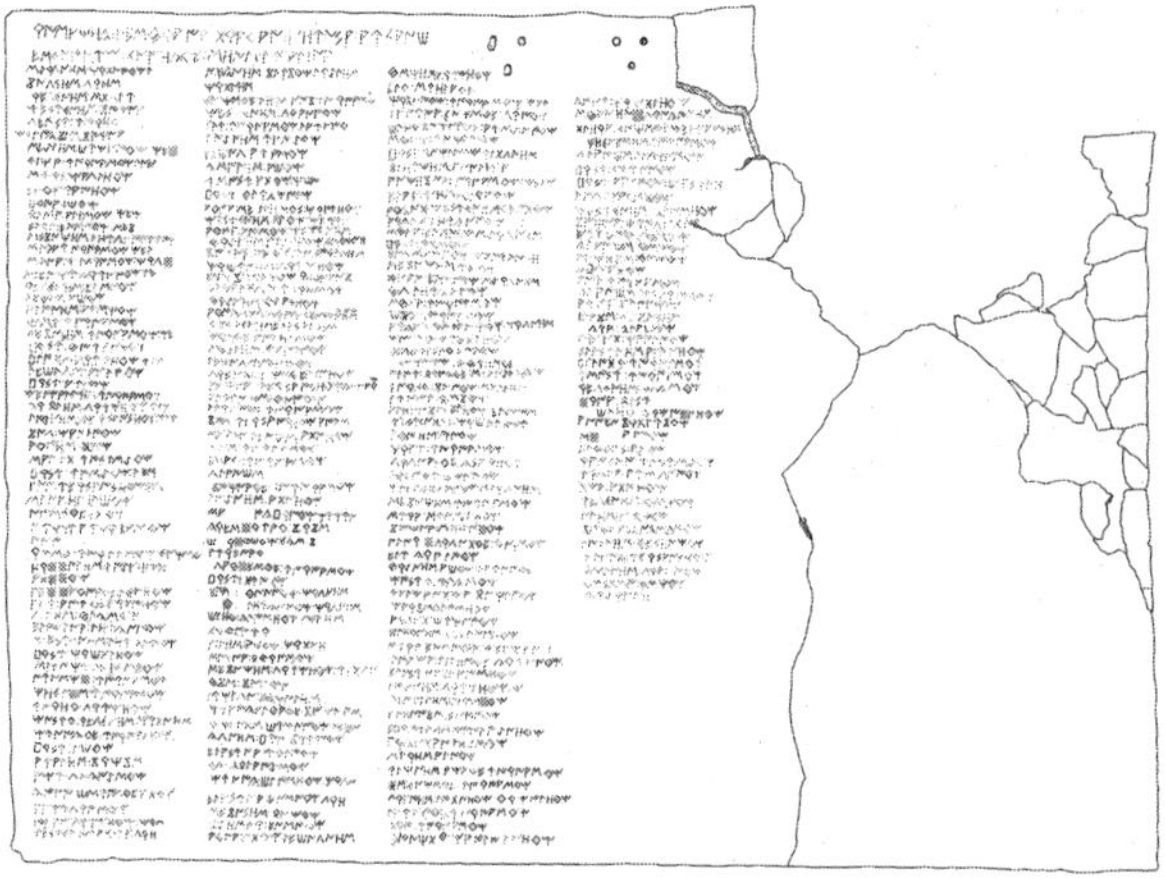

図4－6　ボトリータ第三碑文のスケッチ

が列挙されている（図4－6）。最上部に刻まれている説明の内容は移民に関するものと考えられているが、人名の羅列してある部分が本文に比して非常に長いため、本文の内容よりもむしろこの人名リストが重視されていたと思われる。

一説によると、この碑文は紀元前九三年に起こった、ディディウスによるケルトイベリア人の虐殺に関連しているという。ティトゥス・ディディウスは紀元前九八年に執政官になったローマの政治家で、執政官の任期が終わると、翌九七年から属州ヒスパニア・キテリオルの総督となった。伝えられるところによると、ディディウスは、土地を分け与えるといってケルトイベリア人たちを集め、虐殺したという。ボトリータ第三碑文は、このときにディディウスの言を信じ、移民することにした人々をリストにしたものであるという説であるが、真偽のほどは定かではない。

先にも少し触れたように、カエサルの『ガリア戦記』によると、ガリアへ移動してきたヘルウェティイ族を打ち破った後、カエサルは戦利品の中に移民に参加した者たちの名前を記した人口表を発見したという。ケルト人の間に移民の際に、その参加者の一覧表を作るという習慣があったとすれば、ボトリータ第三碑文はそのような一覧表であったのかもしれず、カエサルが手に入れたヘルウェティイ族の人口表も似たようなものだったのかもしれない。ただ、紀元前九三年のディディウスの策謀と関連したものかどうかは、いずれにせよ不明である。

†歓待の札

ケルトイベリアでは、歓待の札と呼ばれる碑文が十数例発見されている。これは、相手が自分のところに来た場合には歓待するという契約を結んだ両者が、そのしるしに一つの板を二つに分け、それぞれを持っていた割符のようなものである。動物の形をしていたり、手をつないでいる様子をかたどったものなどが多く、それぞれに契約当事者の名前などが記されている（図4-7）。

図4-7　イベリア文字が記された歓待の札

紀元前一世紀の著作家シチリアのディオドロスによると、ケルトイベリアの人々は、客人には寛容で親切になる性分であり、滞在している客人たちに、自分の家に泊まってもらおうとして、お互い張り合ってまで客を歓待しようとするという。そして客となった人は滞在先の人々を賞め讃えて、神々のお気に入りの人とみなすようになるという。歓待の札は、このようなケルトイベリアでの客のもてなしに熱心な様子を表すものであるといえるだろう。

この歓待の札は、相手が訪ねてきたときにはお互いに歓待しあうという契約を示すものだが、現代のように宿泊施設も整備されておらず、身分証明書なども不十分であった当時、他の社会グループの中へ受け入れられるための身分保証としても機能していた契約であると思われる。また、歓待の札にはそれ以外にも護符やお守りとしての機能もあったと考えられており、歓待の札の多くに、熊、猪、牛、馬、鳩、イルカなど、動物をかたどったものが見られるのはこの魔除けの効果を期待したためだとされている。商人、特に行商のような各地を移動する商人が、このような効能を期待して所持していたのであろう。

歓待の札の具体的な内容をみてみよう。ルサガ出土の歓待の札は、現存する歓待の札で最も語数の多いものである。この札の内容は、「アウキスブラサックのルティア人は、歓待の札でアレゴラトス人を歓待する。ティケルセス人にも、ブライオクン人の子孫にも、カリコ（人名）にも歓待の札を提供する。同じく歓待の札によって取り扱う」というものである。

このような歓待の札の契約からは、ケルト人の社会での契約の重要性が窺われる。カエサルの『ガリア戦記』には「ガリア人の習慣により、隷属者はたとい土壇場に追い込まれても彼らの保護者を見捨てることは罪なのである」とある。この場合、契約ではないが、一度取り決めたことを破ることが罪であったとされており、取り決めの重要性がみて取れる。このような考え方はケルト人の宗教にも反映されていると言えるだろう。それを示すのが神々に捧げられた多数の奉献碑文である。

†奉献碑文

奉献碑文は、神々に捧げられた碑文のことであり、多くの場合、何か神々に対して願い事をし、それがかなったお礼として製作されたものである。たとえば、一八四〇年にヴェゾンで出土したギリシア文字ガリア語の碑文には、「ネマウススの人、ウィッルの息子セゴマロスがこの聖域をベレサマに捧げた」とあり、このように「誰某が何々を何某という神に捧げた」という形式で書かれるのが一般的である。

ベレサマというのは女神の名前であり、この碑文はベレサマ女神に捧げられた奉献碑文である。文章自体はほぼ定型文だが、ケルト人がどのような神々を信仰していたのかを知るうえで、重要な史料となる。ここで碑文を捧げられているベレサマに関しては、ガリアで出土した奉献碑文に、ミネルウァ・ベリサマという神に捧げられたものがあり、ベレサマは、ミネルウァの添え名として現れているベリサマとおそらく同じ女神と思われる。奉献碑文に現れる神々については、次章で詳しくみることとしよう。

3 生活の諸相——恋愛、呪い、魔術

†ケルトの女性

これまでみてきた碑文に現れていたのはほとんど男性ばかりであったが、次に女性についてもみてみよう。ケルトの女性についてのまとまった記録はないので、古典文献の断片

的な記述から推測するしかないが、カエサルの『ガリア戦記』によれば、ケルト人の社会は家父長制で、夫が妻子の生殺与奪の権を持っており、また高貴な家の家長の死に疑わしい点があるときは一族のものが妻を拷問し、罪が認められれば処刑した、という。これらの記述からはケルト社会における女性の地位はきわめて低かったような印象を受ける。

その一方で、プルタルコスが語るガラティアの女性たちのエピソードは、異なる女性像を伝えている。一つはキオマラという女性のエピソードである。紀元前一八九年、グナエウス・マンリウス・ウルソ率いるローマ軍がガラティアに侵攻した。ガラティア王国はトリストボギオイ族、トロクモイ族、テクトサゲス族の三部族で構成されていた。このときはそのうちのトリストボギオイ族とトロクモイ族が迎撃に出たものの敗北を喫し、ローマとの間で、ガラティア王国はこれ以降領土外に兵を出さない、という協定を結ぶこととなった。

キオマラは、テクトサゲス族の王オルティアゴンの妻であったが、この敗戦の際に、ローマ軍によって捕らえられた。オルティアゴンとローマの隊長との間で返還交渉が行われ、身代金と引き換えにキオマラはオルティアゴンのもとに戻されることで、交渉がまとまった。オルティアゴンの配下が身代金を持って指定の場所に来たとき、キオマラは、ローマの隊長が別れを惜しんで自分に口づけしている隙に、迎えに来た者に目配せし、その隊長の首を切らせ、その首を持って夫のもとに戻ったという。

第2章でも少し触れたが、『歴史』の著者ポリュビオスは、後年サルディスでキオマラと会見する機会があり、彼女の知性と識見に感服したと伝えられる。これがいつのことかは分からないが、ポリュビオスの経歴を考えると、おそらく紀元前一四〇—一三〇年頃のことであろう。このキオマラのエピソードからは、夫に対する操《みさお》を汚すものは排除するという、気性の激しさが窺われる。

また、同様の気性の激しさは、カンマという女性のエピソードにもみられる。カンマは代々アルテミス女神に仕える女祭司の家系の女性で、シナトスというガラティアの有力者と結婚した。ところが、別の有力者シノリクスがカンマに横恋慕し、シノリクスはシナトスを殺害し、カンマに求婚した。カンマはシノリクスの求婚を拒んだが、シノリクスはカンマの親族を抱き込み、カンマに圧力をかけさせた。そこで、カンマはシノリクスの求婚を受け入れる振りをして、アルテミスの神殿に呼び出し、結婚の誓いの固めの杯に毒を入れ、二人で飲んだ。カンマは苦しみに耐えながら、シノリクスの死を確認するまで生き延び、満足して死んだという。

より穏やかな女性のエピソードも伝えられている。ベレニケは、ガラティアの西に位置するペルガモン王国の王アッタロス三世の娘でガラティアの王デイオタルスの妻だった女

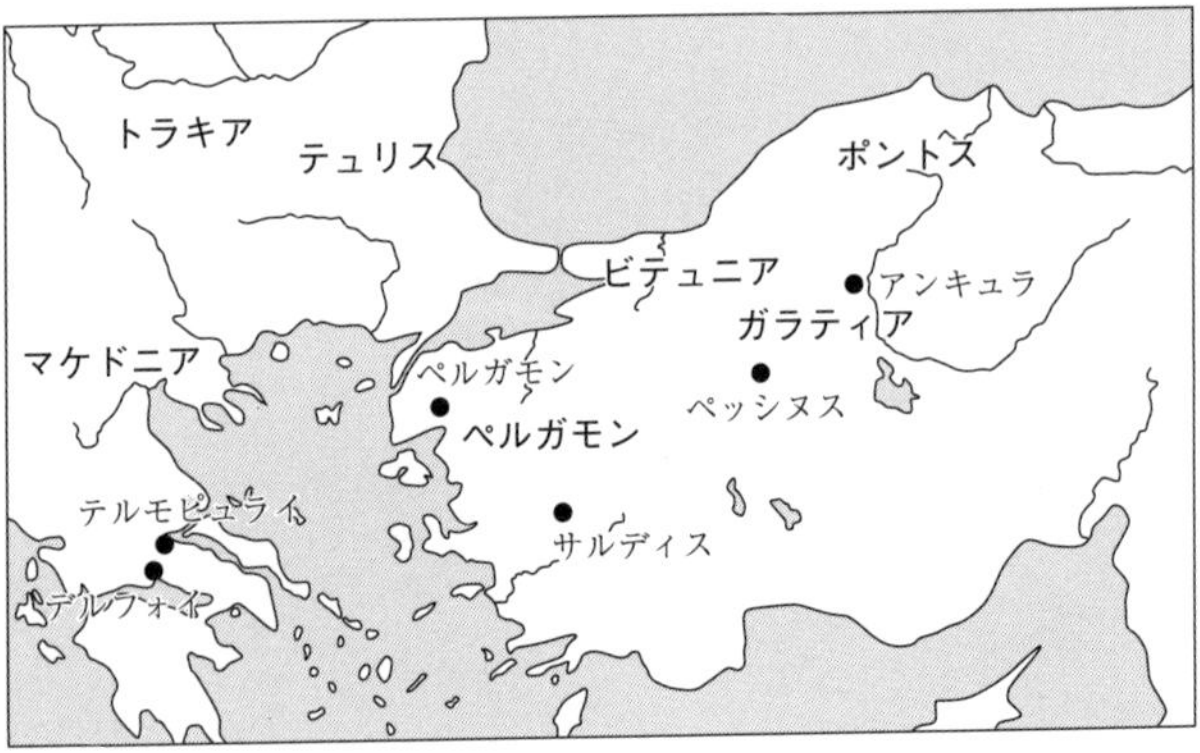

図4-8　アナトリア半島周辺

性である。ガラティアの有力者たちは、紀元前八八年頃、ポントス王ミトリダテス六世の策謀により、宴会の席上で毒殺された。唯一の生き残りが、トリストボギオイ族の王デイオタルスであり、ミトリダテス六世がローマと戦ったミトリダテス戦争の際には、密かにローマに協力した。その功もあり、デイオタルスは紀元前五九年、ローマの将軍ポンペイウスによってガラティアの王に任命された。デイオタルスとベレニケの間には、子どもができなかったため、ベレニケは自分の侍女に夫の子を産ませ、自分の子として養育したという。

恋愛

ケルト人の恋愛事情についても、上記のような女性に関するエピソードと、古典文献の断片的な記述から推測するしかない。たとえば、シチリアのディオドロスには、ケルト人は美しい妻よりも男と情を交わすことに熱心であるといった記述がある。ただ、キオマラなどのような古典文献に残されている例は、やや極端なもののように思われるので、ガリア語の碑文を手がかりに、ケルト人の恋愛の一端をみてみよう。

ガリア東部からは碑文の刻まれたボビンが発見されている。そこには、「かわいい娘さん、ビールをおくれ」「かわいい娘さん、ワインをお飲み」といった言葉が書かれており、気に入った女性を口説くために、男性が渡した贈り物なのだろう。名前が記されているものはほとんどないため、特定の相手のために作ったものではなく、あらかじめ用意しておき、気になる女性を見つけたときに名刺代わりに渡していたものだろうか。ただガリア語だけでなく、ラテン語で同様のことが書かれているものも見つかっているため、これはローマ人によって持ち込まれた恋の手管なのかもしれない。

同じく、ガリア東部からはガリア語が書かれた指輪も出土している。たとえば、一九世紀にメッツ近郊で出土した金の指輪には、「ナッピセトゥがエクスウェルティニオスの娘アディアントゥンネナに」という文言が書かれており、ナッピセトゥという男性がアディアントゥンネナという女性に贈ったものであることが分かる。記念日か何かに恋人に贈ったプレゼントだろうか、もしかすると婚約指輪や結婚指輪のようなものなのかもしれない。

これらの例からは、男性が、女性の気を引くために贈り物をしたり、恋人や妻の証として指輪を贈っている様子が垣間見える。

†呪いの碑文

次に、宗教と関連する碑文の中から、ここでは呪いについてみてみよう。ガリア語の碑文の中には呪いの碑文と呼ばれているものがある。ケルト人の呪いは神への祈願であり、神が罰を与えてくれるよう祈る行為である。このような碑文に刻まれた呪いは、ラテン語で defixio と呼ばれ、ガリアだけでなく、ギリシア・ローマやエジプトなど、古代世界に広くみられる行いである。ここではガリア語の呪いの碑文の中からシャマリエールの鉛板とラルザックの鉛板を取り上げよう。この二つの碑文は現在知られているガリア語碑文の中でも特に長いもので、コリニーの暦を除けば、ラルザックの鉛板が最長のガリア語碑文であり、シャマリエールの鉛板はそれに次ぐ二番目の長さの碑文である。

シャマリエールの鉛板は一九七一年、現在のフランス中部シャマリエール近郊、ロシュの泉で発見された鉛板で、一世紀から二世紀のものと推定されている。この鉛板は縦約五八ミリ、横約三九ミリ、厚さ約一ミリで一二行にわたって、三三六文字が記されている(図4-9)。まずはこの碑文の試訳を示しておこう。

私は冥界の力ある神マポノス・アルウェルナティスに祈願する。次の者たちの呪文によって私たちは求める。告発者であるガイオス・ルキオス・フロロス・ニグリノス、アエミリオス・パテリノス、クラウディオス・レギトゥモス、カエリオス・ペリグノス、クラウディオス・ペリグノス、マルキオス・ウィクトリノス、アツェディロスの子アシアティコス、そしてセコウィイが誓う。もしそれが小さかったならば、大きくなるだろう。私は盲目のものを見るだろう。来るべきときに、私はこの碑文の歌によってそうなるのを見るだろう。誓いによって私は（歪められているものを？）正す。誓いによって私は正す。誓いによって。

図4－9　シャマリエールの鉛板

この碑文に現れるマポノスはアポロと同一視される神であり、カエサルによれば、ガリア人はアポロを病気を追い払う神と信じていたらしいが、シャマリエール碑文を見る限り、どうやらそれだけではなかったようである。

この碑文は鉛でできた箱の蓋に書かれているもので（前述の縦横は箱として見たときのもの）、箱の中身が何だったのかは分からないが、おそらく箱を勝手に開けようとする盗人対策として書かれたものであろう。つまり、誰かが箱を勝手に開けて中身を盗むようなことがあれば、マポノスがその者に呪いをかけ、目を見えなくしてくれるよう求めたものだと思われる。

シャマリエールの碑文で「呪文」と訳したのは、ブリクタという語で、「呪文、魔術」といった意味の語と考えられている。ガリアの神々の中には同じ名前の女神も存在しており、女神ブリクタに捧げられた碑文がフランス東部のルクスイユ・レ・バンから発見されている。名前の通り、この女神はおそらく魔術の守護神なのであろう。

ケルト人にとって魔術というのは神の領域に属するものであり、神々への信仰と結びついたもの、さらにいえば、これも次章で触れるように、神々への信仰はケルト人の宗教の本質的な部分であるから、魔術はケルト人の宗教の一部ともいえるかもしれない。また、ルクスイユ・レ・バンは古代にはルクソウィウスと呼ばれており、同名の神が信仰されていた。女神ブリクタに捧げられた碑文はこのルクソウィウスとブリクタの二神に捧げられた碑文であり、ブリクタはルクソウィウスの配偶神と考えられている。これらのことからは、ルクソウィウスと魔術との密接な結びつきが連想され、もしかするとこの地は何か魔術と関連があったのかもしれない。

†魔術

次にケルト人の魔術についてみていくこととしよう。まず占いからみていこう。ケルト人は何種類かの占いの方法を知っていたようであるが、特によく知られているのは鳥占いである。これは鳥の飛び方と囀《さえず》り方によって、神の意志を明らかにする占いで、ケルト人だけでなく、ローマなどでも行われていた。リウィウスは『ローマ建国以来の歴史』第五巻三四章で、「彼自身（ガリアの王アンビガトゥス）はすでに高齢だったが、群衆によって圧迫されている王国を救うことを望み、妹の息子で、勤勉な若者であるベッロウェススとセゴウェススが、鳥占いによって、神々が与える土地へ送られると彼は宣言した」と記述しており、ポンペイウス・トログスも、ガリア人は鳥占いに特に優れていたと記録している。

そのほか、人間の生贄を捧げることで、神の意志を読み取る占いもあったと記録に残されている。ストラボンによれば、ケルト人は人間の背中を刺し、手足の引きつり方や血の流れ方で占いを行ったという。

図 4-10　アントルモンで発見された石柱（部分）

シャマリエールの碑文が発見されたロシュの泉は、一九六八―七一年にかけて発掘が行われ、碑文以外にも数千の木製の奉納物が出土している。これらの多くは、腕や足など人間の身体の一部をかたどった木像で、同様の奉納物は、セーヌ川の水源にあるセクアナ女神の聖域など、ガリア各地で発見されている。ガリアで発見されたものは木製だが、同様の人間の身体の一部をかたどった模型を奉納するという行いは、ギリシアやローマでも行われていた、古代世界で広くみられる現象である。これらの模型は、一般にその身体部位の病気や怪我の治癒を願って奉納されたものと考えられている。特に、泉の聖所には治癒の効能があると信じられていたため、泉や川の水源などで発見される例が多い。

シャマリエール碑文ではマポノスという神の名が現れているが、ロシュの泉がマポノスの聖域だったとすると、ロシュの泉から出土した木像もマポノス神に病気や怪我の治癒を祈って奉納されたものであろう。ただし、ロシュの泉の奉納物の中には少々珍しいものも含まれている。トーテムポールのように人頭を積み重ねた木彫もこの泉からは発見されているのである。これは頭部の怪我や病気の治癒を願った奉納物なのかもしれないが、木彫ではないものの、類似した石柱が、南仏エクス・アン・プロヴァンス近郊のアントルモンから発見されていることから、前章で触れたケルト人の頭部信仰と関連している可能性も捨てきれない（図4－10）。

†ラルザックの鉛板

魔術に関連していると思われるのが、ラルザックの鉛板である。ラルザックの鉛板は一九八三年、南仏アヴェロンのオスピタル・ドゥ・ラルザックで発見された鉛板で、九〇一一一〇年頃のものと推定されている。鉛板は二つの断片に分かれた状態で出土し、表と裏の両面に全部で約一〇〇〇文字、語数にして約一六〇語が記されている。ラルザックの鉛板は、シャマリエールのものより損傷が激しく、文意が取れないところも多い（図4－11）。

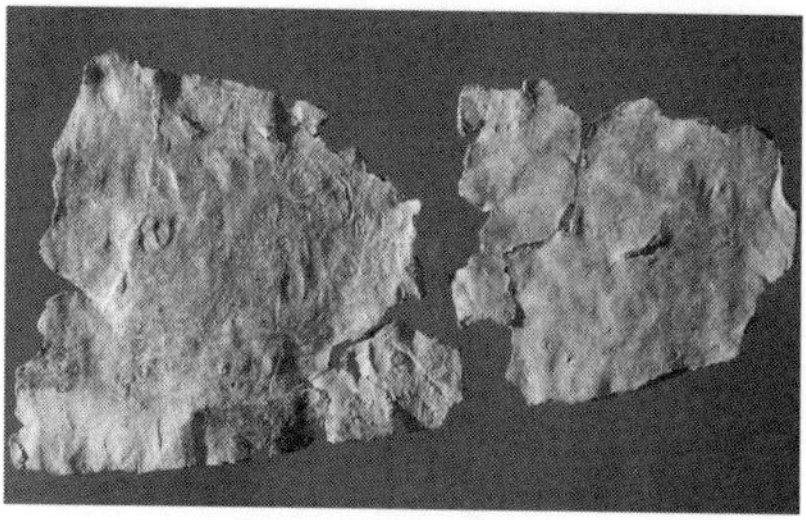

図4－11　ラルザックの鉛板

この碑文の内容は、セウェラ・テルティニクナ（あるいはテルティオニクナ）という女魔術師に数人の女性が呪いを依頼したもののようである。ちなみに依頼者の女性たちはウラトゥキアの娘バノニア、ポティオスの妻パウラ、アディエガの娘ヤイヤ、パウラの母ポティティア、ヴァレンスの娘でありパウロスの妻であるセウェラ、アイヤの母アディエガ、プリモスの妻でありアベシアの娘であるポティタという人々であったらしい。このようにガリア人女性の名前が分かる例は非常に珍しい。

ギリシア・ローマの著作家たちは、ケルト人の女魔術師については記録していないが、ケルト人の女ドルイドについての記述が残されている。一例を挙げよう。『ヒストリア・アウグスタ（ローマ皇帝群像）』と呼ばれる、ハドリアヌス帝からヌメリアヌス帝までのローマ皇帝の伝記を集めた書物が伝えるエピソードである。その末尾に近い「ヌメリアヌス伝」一四章には、次のような話が伝えられている。

ディオクレティアヌスがガリアのトゥングリ族の宿に逗留《とうりゅう》して、ある女ドルイドに毎日の宿泊の勘定を清算しようとすると、彼女は彼に言った。「ディオクレティアヌスよ、あなたは欲張りでけちだ」。ディオクレティアヌスは戯れに応えたと言われる。「私が皇帝になったら、もっと気前よくなるのだが」。その言葉の後で、女ドルイドは言ったという。「ディオクレティアヌスよ、笑い事ではない。あなたが猪（アペル）を殺せば、皇帝になれるだろう」。

このとき、ディオクレティアヌスは猪が何のことか分からなかったが、これが猪ではなく、ヌメリアヌス帝の近衛長官アペルを指していることに気づき、このアペルを殺して予言通り皇帝になったというオチがつけられている。『ヒストリア・アウグスタ』は、一般にあまり信憑性の高くない史書とされており、このエピソードの予言も単なる言葉遊びで、作り話といわれているが、女魔術師が碑文に出てくる以上は、女ドルイドもいたのかもしれない。

コラム

ケルト人の住む世界はどうみられていたか

有名なカエサル『ガリア戦記』の冒頭には次のようにある。

ガリア全体は三つの部分に分けられており、そのうちの一つの部分にはベルガエ人が、もう一つの部分にはアクイタニ人、三番目の部分には、彼ら自身の言語でケルト人、私たちの言語でガリア人と呼ばれている人々が住んでいる。彼らは言語、習慣、法の点でお互いに異なっている。ガルンナ川（現ガロンヌ川）がアクイタニ人から、マトロナ川（現マルヌ川）とセクアナ川（現セーヌ川）がベルガエ人から、ガリア人を隔てている。（中略）ガリア人の住んでいる領域はまずロダヌス川（現ローヌ川）に始まり、ガルンナ川と大西洋とベルガエ人の領土とで限られている。さらにセクアニ族とヘルウェティィ族の住む東側では、レヌス川（現ライン川）に接していて、北方に位置している。ベルガエ人はガリア人の北方の境界から始まり、レヌス川の下流地域におよび、北東に位置している。アクイタニ人の領域は、ガルンナ川から始まり、ピュレネ山脈におよび、さらにヒスパニアの大西洋岸にまで達している。それは北西に位置している。

カエサルの時代のガリアは、すでにローマの属州となっていた南仏を除いて、ベルギカ、ケルティカ、アクイタニアの三地方で構成されていた。カエサルはガリア征服直後からポンペイウス派との内戦に忙殺され、ガリアの行政機構などは手つかずのままであったと考えられている。紀元前四四年にカエサルが暗殺され、その後アウグストゥスが内戦を制し、後継者として権力を掌握すると、ようやくガリアの行政機構も整備されていった。カエサルが征服したガリアは三つの属州、ガリア・ベルギカ、ガリア・ルグドゥネンシス、アクイタニアに編成された。

　ガリア・ベルギカは、ガリア北東部であり、セーヌ河岸からライン河岸までの地域でおおむねカエサルのいうベルギカと同じである。ガリア・ルグドゥネンシスは、ヤーヌ河岸からロワール河岸までの地域で、残ったロワール河岸からピレネー山脈までの地域がアクイタニアである。これを実際の地図で見てみると、ベルギカ、アクイタニアに比べて、ルグドゥネンシスが異様に細長い歪《いびつ》な形となっていることに気づくだろう（図4－12）。ではなぜ、ローマ人は属州ガリアをこのように編成しなくてはならなかったのだろうか。

図4－12　属州ガリアの区分

　これは当時の地理概念と関係していると考えられている。海外領土を除くフランス本土は、フランス語で「エグザゴン（六角形）」といわれるように、現在ではおおむね六角形でイメージされている。では、ケルトの地理概念はどのようなものだったのだろうか。ケルト人は自分

図4-13　ローマの地理概念

たちが住んでいたガリアやヨーロッパの大きさや形についてどのように考えていたのだろうか。カエサルは、ガリアのケルト人はブリテン島の位置や港などについて何も知らない、と述べており、これが事実であればほとんど何も知らなかったことになる。もっとも、『ガリア戦記』にはドルイドが「世界と大地の大きさについて」考察して若者に教えると記されているので、何も知らなかったとは思えない。

ローマ人の地理概念では、ガリアはほぼ長方形をしているとみなされていた。セーヌ、ロワール、ラインなどのガリアを流れる河川は南から北へほぼ一直線に流れていると考えられており、ピレネー山脈もこれらの河川と同様南北に走っていると考えられていた。そして、セーヌとロワールを境界線として区切ると、ピレネーからラインの間の地域をほぼ三等分できると考えられていたのである（図4－13）。このような地理概念は、ローマ人自身が行った測量調査に基づいている部分もあるだろうが、もしかするとケルト人の地理概念も反映されているのかもしれない。

第５章

神々と風土

コネストロップの大釜（デンマーク国立博物館蔵）

1　ケルトの神々

カエサルの『ガリア戦記』によると、ケルト人は宗教に熱心な人々であるとされている。そこでこの章では、ケルト人の宗教を中心に取り上げる。ケルト人の信仰していた宗教は、ドルイド教（ドルイディズム）と呼ばれており、多数の神々への信仰とドルイドと呼ばれる祭司階級の存在が特徴とされる。そこで、本章ではこの二つを軸に、神々への信仰とあわせて古代ケルト人の神話や伝説についても論じてみたい。

†ケルトの宗教

ケルトの宗教は多神教であり、神々に捧げられた多数の碑文が残されている。ケルト人の信仰していた神々の数は、一九〇六年にある学者が、当時知られていた碑文や古典文献の記述を基に調べたところでは、約四〇〇とされていた。しかし、この一〇〇年余りの間に碑文の出土数は大幅に増えており、今日集計し直したならば、おそらく七〇〇から八〇〇になると思われる。もともとケルト人の間には自然に神霊が宿るとするアニミズムの信仰が存在していたものと思われ、さまざまな自然物や自然現象がやがて神として擬人化され信仰されるようになった結果、多数の神々が生み出されることになったのであろう。そこで、まずはケルト人が信仰していた代表的な神々についてみていこう。

†エポナ

図5-1　エポナ像

エポナという名は「馬」を意味するケルト語に由来すると思われる。プルタルコスの『モラリア』によると、「フルウィウス・ステッルスは女性を嫌い、馬と交わった。やがてそれは美しい少女を生み、彼らはエポナと名づけた。彼女は馬に関して配慮する女神である。アゲシラオスは『イタリア史』の三巻でそのように述べている」とあり、名前の通り馬の守護神として崇拝されていた女神である。エポナに関しては、断片的ないくつかの古典史料での言及のほかに、約六〇の奉献碑文と二五〇の図像が知られている。これはケルトの神々の中ではかなり多いほうであり、それだけエポナがケルト人の間で広く信仰され、ケルト人だけでなく、ギリシア人やローマ人の間にも知られていたことを示している。

図像では乗馬姿か馬の間で玉座に座った姿で表され、またしばしば手に収穫物や豊饒の角（コルヌコピア）を持っている（図5－1）。収穫物や豊穣の角を持っているのは地母神などの多産と豊穣を権能とする神の特徴であり、エポナが単なる馬の守護神ではなく、多産や豊穣の象徴でもあったことが窺われる。また、そのほかにも、エポナが死者を導いていたり、冥界の扉の鍵を持った姿で描かれたレリーフも出土しており、死者の魂を冥界へと導く権能も有していたと考えられている。どうやらエポナは多様な権能を持った女神であったらしい。

ギリシアでは大地と豊穣の女神デメテルやアルテミスが馬など動物の間に立った姿で表された例があり、エポナの図像にもそれらギリシアの図像と同様の構図で描かれたものがある。おそらくケルトのエポナは、元来は馬そのものがある種の聖獣、神獣として信仰を集めていたものが、ギリシアからの影響で、ギリシアの神々のように擬人化され、エポナの場合は図像では女神として表現され、信仰されるようになったものであろう。なお、ギリシア神話では、デメテルはポセイドンとの間にアレイオンという馬を生んだという物語があり、エポナの図像がデメテルの図像を参考にしているのは、このようなことも関連しているのかもしれない。

さらに、イタリアで発見された神々の祭日を記したラテン碑文では、エポナの祭礼は一二月一八日と定められている。この碑文では他にはケルトの神と思われる名前は記されていないため、ケルトの神々の祭礼がローマの暦に組み込まれた唯一の例である。このようなエポナ信仰の広まりの背景には、ケルト社会における馬の重要性があると考えられる。戦いにおいてケルト人の主力は騎兵であり、馬は軍事的に最も重要な動物であった。

ローマ支配下ではエポナは、馬だけでなく騎兵の守護神として広く信仰され、厩舎にエポナの絵や像を飾る習慣があったことが知られている。たとえば、アプレイウスの『黄金のロバ』(二世紀)では、厩舎にバラで飾られたエポナの絵がある様子が描写されている。

エポナ信仰の広まりは、エポナにちなんだ名前が多く存在していることからも窺われる。もっとも有名なものはエッポニナであろう。エッポニナは、リンゴネス族の王ユリウス・サビヌスの妻である。六八年、暴君として知られるローマ皇帝ネロが暗殺されると、帝位を巡り、ローマ帝国は内乱に陥った。その混乱の中で、翌六九年、バタウィ族のユリウス・キウィリスがローマに対し反乱を起こし、ガリアのケルト人部族にも誘いをかけた。ガリア北東部の部族がこれに応じ、ユリウス・サビヌスもこの反乱に参加した。

反乱の顚末がどのようになったのか、史料が残っていないためはっきりしないが、七〇年、ウェスパシアヌスが内乱を制しローマ皇帝に即位すると、討伐軍が派遣され、平定されたようである。サビヌスは反乱が鎮圧された際、討伐軍の手を逃れ、ガリアに戻ってきたと伝えられる。そして妻エッポニナのもとへと赴き、エッポニナは九年間サビヌスを地下に匿ったが、七八年に発覚し、夫とともにローマへ連れて行かれ、処刑されたという。

†ケルヌンノス

エポナのように、地中海世界との接触により、ケルトの動物崇拝が具現化したものと思われる例としては、他にもケルヌンノスが挙げられる。ケルヌンノスは鹿の角を持った姿で表される神である。「ナウタエ・パリシアキ」と呼ばれている、ローマ時代にパリの水運業者が奉納した石柱に描かれた像がよく知られている(図5-2)。現存するのは頭部とその上に描かれた名前の一部だけだが、本来は全身が描かれていたものと推測されており、角を生やし、あぐらをかいた姿であったと思われる。同様の姿が、デンマークで発見されたゴネストロップの大釜にも描かれており、こちらは名前が明記されておらず、角の描き方などは異なるものの、「ナウタエ・パリシアキ」と同じケルヌンノスを描いたも

図5-2　ナウタエ・パリシアキ

のと考えられている（図5－3）。ケルヌンノスはこのように鹿の角を生やした姿で描かれているところから、鹿の神だと推測される。

ケルト人が鹿を信仰していたことに関しては、ローマの将軍セルトリウスにまつわるエピソードが伝えられている。紀元前一世紀、ローマの政界では、平民派のマリウスと閥族派のスラの二人が主導権を争っており、セルトリウスはマリウス派に属していた。マリウスの死後の紀元前八三年、セルトリウスはスラによる弾圧を逃れるためにイベリア半島へ赴き、この地に拠ってローマに対し反旗を翻した。その際、セルトリウスは、真っ白な子鹿を神の使いと信じさせ、現地のケルトイベリア人たちの人心を掌握することによって、ゲリラ戦でローマ軍を破ったと伝えられる。わが国でも白い鹿が瑞兆とされた例があるが、ケルト人も同様の信仰を持っていたようである。なお、この反乱は、紀元前七三年、セルトリウスが部下に暗殺され、鎮圧されることとなる。

図5－3　ゴネストロップの大釜に描かれたケルヌンノス

†テウタテス

一世紀のスペイン出身の詩人ルカヌスは、ケルト人が信仰している神々について、「残酷なテウタテスは人々にとって恐ろしい血によってなだめられ、エススは野蛮な祭壇で、タラニスはスキュティアのディアナほど優しくはない祭壇で人々を恐れさせる」と述べている。次にこれら三神についてみていこう。

テウタテスは、アイルランド語の「トゥアタ（人々、部族）」と同じ語源で、「部族の神」といった意味だと思われる。ルカヌスの著作は中世ヨーロッパにおいて人気のあったテキストの一つであり、多数の写本が残されている。その中には行間や欄外に注釈が書き込まれているものがあり、スイスのベルンに残されている一〇世紀のルカヌスの写本（Bernensis 三七〇）の注釈は、「コメンタ・ベルネンシア」と呼ばれ、他の写本にはみられない独自の注釈を多く含んでいる。この箇所にも注が付けられており、そこでは二つの説が紹介されている。一つ目は、

メルクリウスはガリアの言葉ではテウタテスであり、彼らの間では人の血で崇拝されるといわれる。テウタテス・メルクリウスは、ガリア人の間では以下のようになだめ

られる。半分水で満ちた樽へ人の頭が投げ込まれ、その中で溺れさせる。ヘスス（エスス）・マルスは以下のようになだめられる。流血のために四肢を切り離すまでずっと、人が木に吊るされる。タラニス・ディス・パテルは、彼らの間では以下の方法でなだめられる。木製の桶の中で人々が焼かれる。

というもので、もう一つは、以下のような説である。

テウタテス・マルスは「恐ろしい血」によってなだめられる。なぜなら、彼の命令によって戦いが助けられるからであり、また、以前にはガリア人はこれと別の神々にも人間を犠牲に捧げる習慣だったからである。彼らは、商人によって崇拝されているので、ヘスス（エスス）・メルクリウスを信仰している。そして、戦争の守護者であり、天の神々の中で最も高貴なタラニス・ユピテルは、以前には人間の頭によってなだめられる習慣だったが、今では家畜を喜ぶ。

ここでは、テウタテスについては、ローマ神話のメルクリウスに相当するという説とマルスに相当するという説の二つが紹介されている。おそらく、テウタテスは何か特定の職能や役割を持った神というより、漠然と部族の守護神として信仰されていた神だったのではないだろうか。

†エスス

エススは、前章で触れたマルケッルスが記録している治癒の文句に出てくるほか、ケルヌンノスが描かれている「ナウタエ・パリシアキ」にも描かれており、そこでは、鉈《なた》のようなものを持って灌木の前でそれを刈ろうとしている姿で表されている。「コメンタ・ベルネンシア」では、マルスに相当するという説とメルクリウスに相当するという説が、テウタテスの場合とは逆の順序で紹介されている。また、ガリアで発見された碑文では、エススがメルクリウスやマルスの添え名として現れており、古代からメルクリウスやマルスと同一視されていたらしい。

エススの権能は明らかではないが、メルクリウスとマルスの片方ではなく、両方の添え名として現れているということは、当時の人々にとっても、エススのイメージは人によってさまざまに異なるものであり、必ずしも固定されたものではなかったのではないだろうか。そうであるなら、エススもテウタテスのように漠然と部族の守護神として信仰されていたのかもしれない。あるいはエポナのように多様な権能を有しており、どの権能を重視するかで見方が変わったのかもしれない。

†タラニス

『コメンタ・ベルネンシア』では、タラニスはユピテルに相当すると述べられている。タラニスの語源は、ゲルマン神話のトールなどと同じで、「雷」を意味すると考えられている。職能に関しては、ギリシア神話のゼウスなどと同様に雷を司る、天空の支配権を握る神であったのだろう。

また、ガリアでは多数の車輪を持った神の像が発見されており、ゴネストロップの大釜にも車輪を持った神が描かれている（図5－4）。ミランダ・グリーンの研究では、これら車輪を持った神像は、カエサルのいうユピテルを表したものであり、タラニスと同定されている。車輪は、多くの文化で天体、特に太陽のシンボルとされており、ケルトでも同様に天体の象徴として使用されたのであろう。したがって、車輪を持った神は、ケルトの天空神と考えられるのである。

図5－4　ゴネストロップの大釜に描かれたタラニス

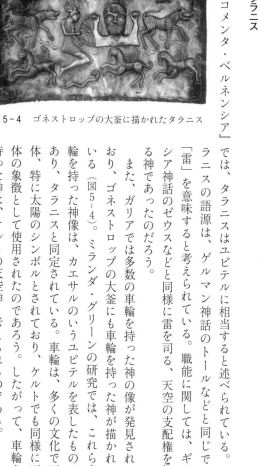

なお、タラニスに関しては、これらの図像のほかに、フランスで発見されたギリシア文字ガリア語碑文のほか、ドイツ、イギリスでもタラニスに捧げられた奉献碑文が出土しており、碑文の数は少ないものの、ガリアにとどまらず、広い地域で信仰されていたことが分かる。

†祖先信仰

タラニスについては、もう一つディス・パテルに相当するという説が紹介されている。ディス・パテルはローマの冥界の神であり、カエサルによると、ケルト人は自分たちがディス・パテルの子孫だと信じているという。おそらく、ギリシアや日本など多くの民族と同様に、ケルト人にも、自分たちの祖先をさかのぼれば神に行き着くという信仰があったのであろう。そして、その神がディス・パテルないしはタラニスであったかどうかは分からないが、その祖先と信じていた神を祀る、祖先信仰とでも呼ぶべきものがあったと思われる。

もしかすると、まだ神々が擬人化して信仰されるようになる以前の、アニミズム的信仰の段階から、ケルト人の間にはそれぞれ部族ごとにトーテムのような、特別な関係とみなされた神が決められており、その部族民に共通の祖先と信じられ、部族の結束を固めるのに一役買っていたのかもしれない。

†ローマの神の名で記録された神々

カエサルの『ガリア戦記』第六巻一七章にはケルト人の信仰していた神々についての有名な記述がある。

彼ら（ガリア人）は神々のなかでメルクリウスを最も崇拝している。その像は非常に多く、この神はすべての技術の発明者であり、道と旅行者を導き、金儲けや交易に対して、最も大きな力を持っていると信じられている。この神の次には、アポロ、マルス、ユピテル、ミネルウァを崇拝する。これらの神々については、他の人々が考えるのとまったく同じように考えている。アポロは病気を追い払い、ミネルウァは工芸や技芸の基礎を伝え、ユピテルは天の支配権を持っており、マルスは戦争を支配している。

ここでカエサルがメルクリウスやアポロなどと呼んでいる神々は、ケルト人の神々をカエサルがローマの似たような権能の神々の名前に置き換えたものであり、このように異民族の神々をローマの似た神の名で表すことを「ローマ風解釈」と呼んでいる。ケルトの神々の多くはこの「ローマ風解釈」によってローマの神の名で記録されたものである。ただし、単にメルクリウスやアポロというローマの神の名前だけで記録されているわけではなく、碑文では添え名とともに記録されている。たとえば、メルクリウス・アルタイオス、マルス・カトゥリクスなどといった具合である。「アルタイオス」「カトゥリクス」など、これらの添え名がケルト人の信仰していたもともとの神々の名前であると考えられている。ちなみに「アルタイオス」は「アルトス(熊)」という単語に由来するものと思われ、「カトゥリクス」は「カトゥ」が「戦争、戦い」、リクスが「王」を意味し、「戦争の王」という意味だと思われる。

†メルクリウスとマルス

カエサルが挙げている神々の中で、特に添え名が多いのはメルクリウスとマルスであり、メルクリウスは六〇以上、マルスは八〇以上の添え名が知られている。すべての添え名の意味が明らかになっているわけではないが、いくつか挙げてみると、メルクリウスの添え名には、アニミズム信仰の名残を示すものや職能を示すものなどさまざまなものがある。たとえば、アニミズム信仰の名残を残すものとしては、先に挙げた「アルタイオス」のほかに、ガブロ（山羊）に由来すると思われる「ゲブリニウス」、「猪」を意味する「モックス」などがある。職能に関するものとしては、「トウテヌス」という添え名がある。これは「儲け、利益」の意だと考えられ、カエサルがメルクリウスの権能として挙げている金儲けや交易に関連するものであろう。

ただし、最も多いのは部族名や地名に関連する添え名であり、アルウェルノリクス（アルウェルニ族の王）、マグニアクス・ウェッラウヌス（マグニアクス山）などの例がある。これらの添え名は部族や土地の守護神を表しているのであろう。

マルスもメルクリウス同様さまざまな職能を示す添え名が知られている。一例をあげると、先に挙げた「カトゥリクス」以外には、セゴモ（勝利者）などがある。マルスの場合も、最も多いのは地名に関する添え名であり、ウィンティウス（現ヴァンス）、ナベルクス（現ネスク渓谷）などの例がある。

メルクリウスは、一九世紀後半に、アイルランドの神話に登場するトゥアタ・デー・ダナンのルーとの共通点が指摘されて以来、最近までルーに相当する神を、カエサルをはじめとするローマ人がメルクリウスと呼んだものとみなされてきた。しかし、二〇世紀末に、この対応関係には疑念が呈されるようになった。なお、時期的にはケルト否定論が広まってきた時期に当たるが、直接の関係はない。

テウタテスのところでみたように、ルカヌスの古注ではテウタテス、エススとメルクリウス、マルスの対応関係が入れ替わった二つの説が紹介されていた。また、メルクリウスの添え名の中には、マルスと共通の添え名もいくつか存在しており、ケルト人の間では両者の区別に曖昧なところが見受けられる。そしてメルクリウスやマルスの添え名は部族名や地名に関連するものが最も多いことを考えると、メルクリウスもマルスもテウタテスのように漠然と部族や土地の守護神だったのではないだろうか。そして、その神を祀っていた部族の性格や、ローマとの接触の状況などによって、メルクリウスと同一視されたり、マルスと同一視されたりしたのではないかと思われる。

†ルグス

ちなみに、トゥアタ・デー・ダナンのルーに文字通り対応する神として、ルグス、あるいはルゴウィスという神に捧げられた奉献碑文が、主にスペインから発見されている。たとえば、ペニャルバ・デ・ビリャスタール出土のラテン文字ケルトイベリア語の碑文は、ルグスに土地を捧げ、保護を求めたものであり、ウクサーマから出土したラテン碑文は、靴職人の組合に属するものによってルゴウィスに捧げられた奉献碑文である。そのほかにもセゴビアから出土したラテン碑文には、アンノヌス・ルグディアクスの息子ウァレリウスという名前があり、このルグディアクスという名はルグス神にちなむものと思われ、ルグスへの信仰が窺われる。

†アポロ

アポロは、カエサルが書いているように、ケルトの医術の神、そしてギリシアやローマで一般にイメージされていたように、太陽神や予言の神を表している。ギリシア・ローマの古典文献の記述では、ディオ・カッシウスの『ローマ史』に、二一三年、カラカラ帝が病気になったときのこととして、「アポロン・グランヌスもアスクレピオスもセラピスも、彼（カラカラ帝）のたび重なる嘆願や、多大な忍耐にもかかわらず、助けることはなかった」という記述がある。ここで添え名として現れているグランヌスは、奉献碑文でもアポロの添え名として現れる神で、おそらく語源は「太陽」を意味するケルト語と思われる。したがって、アポロン・グランヌスはケルトの太陽神のことを指しており、この記述からは病気を治療する神としてギリシアのアスクレピオスやエジプトのセラピスと並んでローマでもよく知られていたと考えられる。

また、三世紀の歴史家ヘロディアヌスがギリシア語で記した『マルクス帝死後の歴史』には、二三八年、マクシミヌス帝が北イタリアのアクイレイアを包囲したときのこととして、「土着の神が勝利を約束したという神託も広まった。彼ら（アクイレイアの人々）はベレスと呼んでいる神を特に崇拝しているが、その神はアポロンを意味している。マクシミヌスの兵士の一部は、しばしばその神の姿が宙に現れ、その都市のために戦ったといっている」と述べられている。

さらに、『ヒストリア・アウグスタ（ローマ皇帝群像）』の「マクシミヌス伝」にも、同じ場面に関するところで「マクシミヌスはアクイレイアを包囲したが、無駄だったので、使節をその都市へ送った。メノピルスが同僚とともに、神ベレノスも占い師を通じて、マクシミヌスは打ち負かされるだろうと述べた、といって反対しなかったなら、人々はほとんどその使節と協定を結ぶところであった」という記述がある。

ベレスとベレノスは同じ神を指していると思われ、奉献碑文でも「ベレノス」という神がアポロの添え名として現れている。『ヒストリア・アウグスタ』では、ベレノスは予言をする神として描かれており、ヘロディアヌスのいう「土着の神」もベレノスを指しているのかもしれない。ちなみに、前章で紹介したギリシア文字ガリア語の碑文に出てきたベレサマも、おそらく語源的にはベレノスと関連があるのではないかといわれている。かつてはベレノスの語源は「輝く、輝かしい」という意味に解釈されていたが、近年では「強い、強力な」の意であるという説が出されている。

†ユピテル、ミネルウァ

ユピテルは、先にみたようにタラニスと同一視されている。ミネルウァについては、カエサルが挙げている神々の中では、碑文や像などが最も少ない。添え名も数えるほどしか知られておらず、その添え名からも、ミネルウァのイメージは明らかではない。たとえば、前述のベリサマのほかには、イギリスのバースで発見された碑文に記されている「スーリス」という添え名がよく知られているが、スーリスの語源については、「太陽」「よく見るもの」など諸説あり、はっきりとは分からない。

ケルト人が信仰していた女神としては、すでにみたエポナや次にみるマトロナエなどのほうが多くの資料が残されているので、これらの女神ほどには信仰を集めていなかったのかもしれない。

†マトロナエ

カエサルが名前を挙げているこれらの神々のほかに、「マトロナエ」と呼ばれる女神への信仰が知られている。「マトロナエ」は、「貴婦人」を意味するラテン語マトロナの複数形であり、碑文ではマトロナエのほかに、マトレス、マトラエといった名前でも呼ばれて

図5-5　マトロナエ像

いる。マトロナエの図像は、しばしば三人の女性の姿で表現されていることから、三体一組の女神と考えられていたのであろう（図5-5）。名前がラテン語の複数形になっているのもこのためだと思われる。マトロナエの碑文や図像は、ライン川流域からイベリア半島まで西ヨーロッパの広い範囲で出土しており、ケルトの神々の中でも特に広く信仰を集めていた女神である。

図像では、マトロナエは手に収穫物や、豊饒の角などを持った姿、あるいは赤子やおしめなどを手にした姿で表されることがある。これらはいずれも豊饒と多産のシンボルであることから、おそらく地母神に由来する女神なのではないかと思われる。

また、マトロナエの図像表現にはギリシアからの影響も指摘されている。一説には、ギリシアでは、地母神の母性を強調するために、地母神の像が赤子を抱えた母子像として表現されるようになっていった。この地母神は、ギリシア神話の大地の女神であるデメテルとみなされるようになり、抱えている子どもはデメテルの娘コレを表すものと解釈されるようになった。さらに時代が下ると、この母子像が神話上の神々であるという意識は薄れ、代わりに、幼少期と成年期という女性の人生の二つの段階を象徴するものとして解釈されるようになり、それにもう一段階つけ加えられ、少女、成年、老年という人生の三段階を表す、三体一組の女性像、すなわち三柱神の像へと移行していったという。ケルトのマトロナエの図像はこのギリシアの表現を取り入れ、母子像や三人の女性の三体一組の像として表されるようになった。

マトロナエに関しては、ギリシア・ローマの古典文献には言及がないにもかかわらず、メルクリウスやマルスを上回り、現在知られている神々の中では最多の一〇〇〇以上の添え名が知られている。ただし、ライン川流域などでは、ケルト語ではなくゲルマン語起源の添え名が記されている碑文も発見されている。一例を挙げると、「アラガビアエ（すべてを与えるもの）」「アルウァガスタエ（惜しみなくもてなすもの）」「デルウォネス（柏の精）」などがある。

最も多いのは「〜ネハエ」という語尾を持つ添え名である。この「〜ネハエ」という語尾は地名を形容詞に転化する語尾だと考えられており、もともとは地名を表していたと思われる。また、ギリシア文字ガリア語の奉献碑文では、「マトレボ・グラネイカボ（グラーヌムのマトロナエ）」「マトレボ・ネマウシアカボ（ネマウススのマトロナエ）」などと記されているものがあり、格変化しているが、「～カボ」という語尾が「～ネハエ」に対応するものと考えられている。

マトロナエに捧げられた碑文の多くは一―三世紀頃、特に二世紀頃に製作されたものと推測されている。この時代は、ローマ帝国で「碑文習慣」と呼ばれる、碑文が大量に作られた時代であり、このようなローマ帝国の当時の風潮に対応したものであろう。このようにローマ時代に作られた奉献碑文において、多くの地名由来の添え名が現れているのは、ローマ支配下でもケルト人が自分たちの土地への愛着を保持していたことを示しているように思われる。土地への愛着が神々への信仰というかたちで現れたものなのではないだろうか。

2　神話と英雄伝説

†古代ケルト人の神話物語

神々への信仰には、その神々にまつわる物語、すなわち神話がつきものである。ケルト人も、他の民族と同様に、信仰していた神々にまつわる神話の物語を語り伝えていたことだろう。たとえばゴネストロップの大釜には、角を生やしたケルヌンノスと思われる神があぐらをかいて座っており、その周りを動物が取り囲んでいる様子が描かれていたり、車輪と蛇を持った神が描かれていたり、といった物語の一場面を描いたのではないかと思われる図像がある（図5－3、5－4参照）。

また、ガリアではメルクリウスがロスメルタという女神と一緒に描かれた像や碑文がしばしば発見されており、ケルト人はメルクリウスとロスメルタを、ギリシア神話のゼウスとヘラのような、夫婦関係にある神と考えていたのではないかと思われる（図5－6）。きっとこの両神に関する物語などが語られていたことであろう。しかし、前章でも触れたように、ケルト語の碑文にはこれまでのところ、そのような物語が記されたものはなく、ケルト人がどのような物語を楽しんでいたのかは残念ながら分からない。

図5－6　メルクリウスとロスメルタ

†ケルト人の起源と通俗語源説

ギリシア・ローマの古典文献の中には、ケルト人の神話物語と関連しているかもしれない記述がある。

ここでは、ケルト人の起源に関する記述をみてみよう。シチリアのディオドロスは、ヘラクレスが一二の難行の途中でガリアに来た際に、現地の女性との間に、ガラティスという息子が生まれ、その子孫がケルト人であると述べている。

また、アッピアノスは、「キュクロプス（一つ目の巨人）のポリュペモスと、ガラテイアには、ケルトス、イリュリオス、ガラスという子どもたちがおり、彼らはシチリアを発ち、彼らにちなんでケルト人、イリュリア人、ガラティア人と呼ばれた人々を支配した」と伝えており、ポセイドンの息子で一つ目の巨人ポリュペモスと海の精ガラテイアの間に生まれた子どもがケルト人の祖先とされている。ギリシア神話においては、ポリュペモスはオデュッセウスの航海譚のきっかけとなったことで知られている。トロイア戦争終結後、帰路に就いたオデュッセウスは、ポリュペモスの住む島に流れ着き、部下たちとともに捕えられた。オデュッセウスは計略を用いてポリュペモスの目を潰し、脱出に成功するも、ポリュペモスの父ポセイドンから恨みを買うこととなり、一〇年にわたり地中海を放浪することになった。

オウィディウスの『変身物語』などが伝えるところでは、ポリュペモスはガラテイアに懸想していたが、ガラテイアのほうはポリュペモスを嫌い、逃げていたという。ここでは、ポリュペモスとガラテイアが結ばれたことになっており、一般的に知られているギリシア神話とは異なっているので、これらの話がケルト人の伝えていた物語の登場人物などをギリシア神話に置き換えて、アレンジしたものである可能性を完全に排除することはできないものの、おそらくガラテイアやガラティスという名前とガラティア人との音の類似から想像されたものであり、歴史的な根拠のない、いわゆる通俗語源説である可能性が高い。
このほかに、一世紀のユダヤ人歴史家ヨセフスは『ユダヤ古代誌』で次のような話を伝えている。

ノアの子ヤペテには七人の息子がいた。彼らは初めタウロス山やアマノス山に住んでいたが、アジアのタナイス川まで進み、ヨーロッパについてはたまたま手に入れたガデイラまで進み、誰も住んでいなかったので、人々に自分たちの名前を付けた。すなわち、現在ギリシア人によってガリア人と呼ばれている人々は、ゴメルによって創設されたので、ゴメルの人々と呼ばれた。

セビリャのイシドルスも『語源について』という著作の中で同様の話を伝えている。これらの物語もケルト人に『旧約聖書』についての知識があったとは考えられないので、ケルト人自身が伝えていた物語ではなく、ゴメルという名前とガリアとの音の類似から連想された、通俗語源説であろう。

また、ルカヌスは、「大胆にもラテン人と兄弟であり、イリオン（トロイア）の人々の子孫だと嘯《うそぶ》くアルウェルニ族」と述べており、これが事実であるなら、アルウェルニ族は、フランスのオーベルニュ地方の語源となったケルト人の部族であるので、ケルト人の中には自分たちがトロイアの子孫であると主張していた部族がいたことになる。そのほか、先に紹介したように、カエサルは『ガリア戦記』で、ガリア人はディス・パテルの子孫であると述べている。ディス・パテルはローマの冥界の神だから、ケルト人の間には冥界の神を祖先とする物語が伝えられていたのかもしれない。

†ローマ占領と英雄伝説

ローマ占領（紀元前三九〇年頃）やデルフォイ侵攻（紀元前二七八年）の際のケルト人の指導者はどちらもブレンノスという名であったと伝えられている。これは偶然の一致なのかもしれないが、「ブレンノス」というのは個人名ではなく、将軍位のような役職名、あるいは華々しい武勲を挙げた英雄に与えられる称号のようなものだったのではないかとする説もある。そうだとするなら、このブレンノスにまつわる物語は、神話ではないにしても、ケルト人が勢力を拡大していった、民族移動期の英雄の記憶を反映した伝説といえるかもしれない。デルフォイ侵攻については、次章で取り上げることとし、ここではローマ占領についての物語をみておこう。

伝えられているところによれば、ケルト人は北イタリアへ進出し、エトルリア人の町クルシウムを包囲した。エトルリア人はローマに助けを求め、ローマからケルト人のところへ調停のための使者が送られた。ローマによる調停交渉は失敗に終わったが、このときのローマの使者クィントゥス・アンブストゥス・ファビウスは、クルシウム軍に加わり、ガリア人の指揮官を殺害した。ケルト人は、中立であるべき使者が自分たちに敵対したことに怒り、ローマに当事者の引き渡しを求めたが、ローマはこれを拒否した。そこで、ブレンノスの率いるガリア軍がローマへと向かい、アリア川で迎え撃ったローマ軍を破り、ローマ人をカピトリウムの丘に追い詰め、ここを包囲し、ローマを占領してしまったのである。

ケルト人によるローマ侵攻の少し前、ローマにはエトルリアとの戦争に活躍したカミッルスという将軍がいた。エトルリアの都ウェイイを陥落させるなど、多くの功績を挙げたカミッルスであったが、成功に慢心したのか次第に尊大になり、また彼の歯に衣着せぬ言動が誤解を招いたりした結果、人々の反感を買うようになり、エトルリアの戦利品を盗んだ罪で誣告《ぶこく》された。陥れられそうになったカミッルスは、裁判で勝ち目がないと悟ると、ローマの人々がこのことを後悔し、自分を必要とするときが再び来るよう神々に祈り、ローマから亡命してしまった。

ローマがケルト人に占領されると、カミッルスは時節の到来を感じ、名誉挽回の機会を窺っていた。さて、ケルト人はローマを占領した後、各地へ食料調達のために部隊を派遣していたが、あるとき、その一隊がたまたまカミッルスの亡命先の近くへとやってきた。カミッルスはこのチャンスを逃さず、町の人々を説得して武装させ、自ら指揮してケルト人を打ち破った。カミッルス勝利の噂はローマの敗残兵の間に広まり、カミッルスの下にローマの敗残兵たちが集まり、ローマ奪回の指揮を執ってくれるよう頼んだが、カミッルスは、カピトリウムの丘に残るローマ市民によって正式に任命されない限り、亡命中の身で勝手なことはできないと断った。そこで、カピトリウムの丘へ使者が送られると、この使者はケルト人の包囲をかいくぐって立て籠もっていたローマ市民と連絡をとることに成功し、カミッルスは独裁官に任命され、ローマ奪回の指揮を執ることとなった。

ブレンノスはカピトリウムの丘を攻めあぐねていたが、この使者が攻略のヒントを与えることとなった。使者は行き帰りともケルト人の目をかいくぐり、包囲を抜けることに成功したが、足跡は消し損ねた。使者が去った後、ケルト人は見慣れぬ足跡を発見し、それがカピトリウムの丘へと通じていたため、自分たちの知らない抜け道があり、何者かがそこを通ってカピトリウムの丘のローマ人と連絡をとったことを悟った。そこで、ケルト人はこれを逆手に取り、その足跡をたどり、夜襲を仕掛けることにした。ケルト人は足音を立てずに慎重に進み、ローマ人に気づかれずに丘を登るのに成功した。カピトリウムの丘にはユーノー女神の神殿があり、そこではガチョウが飼われていた。ケルト人がまさに攻撃しようとしたそのとき、ガチョウが騒ぎ出し、その鳴き声に目を覚ましたローマ人が迎撃に出てきたため、夜襲は失敗に終わった。

その後、カミッルスの挙兵を知ったケルト人は、外部からの襲撃に備え警戒を厳重にし、カミッルスもケルト人と戦うには兵力や準備が不足していたため、戦線は膠着《こうちゃく》状態に陥り、七か月が過ぎた。ケルト人は食糧が不足し、疫病が起こるようになり、包囲されているローマ側も飢餓に苦しみ、外部との連絡がまったくとれずに戦況も分からず、カミッルスの軍が健在なのかどうかすら不明なことから士気が落ちてきた。そこで、両者は和議を結ぶことにし、ケルト人は黄金と引き換えにローマから撤退することになった。

このとき、ブレンノスが秤《はかり》に自分の剣を載せて、取り決められたよりも多くの黄金を取ろうとしたことにローマ人が抗議すると、ブレンノスは「敗者は哀れだな」と言って、取り合わなかった。そして、両者がもめているところに、カミッルスが軍を率いて現れ、ケルト軍を打ち破り、ローマを滅亡の危機から救った。この功績により、カミッルスはローマ第二の建国者と称えられたと伝えられている。

現在伝えられているのはローマ側の視点による記録なので、カミッルスを称える伝説となっているが、ケルト人の間にも、おそらく同じような内容が物語や叙事詩として伝えられていたであろう。そして、それはブレンノスを偉大な征服者として称賛するものであったにちがいない。

3　ドルイドと死生観

†ケルト社会共通の存在？

神々への信仰と並ぶ、ケルトの宗教のもう一つの特徴がドルイドである。次にこのドルイドについてみていこう。ドルイドは一般的にケルトの祭司階級として知られており、ギリシア・ローマの古典文献ではケルト社会に共通の存在であるかのように書かれている。しかし、ドルイドに関する記述をよくみてみると、一般論としてドルイドについて説明するときには、ケルト社会に共通することであるかのように書かれているが、より具体的な事例になると、ガリアとブリテン島に限定され、スペインやガラティアなどの地名に言及することはなく、ガリアとブリテン島以外の事例が出てくることもない。

また、これまでに発見された碑文にはドルイドに関する記述はなく、考古資料にもドルイドの存在を証明できるようなものは発見されていないため、厳密には、ガリアとブリテン島以外にドルイドが存在したということを証明することはできない。たまたまイベリア半島やガラティアのドルイドについて触れている記述が残っていないだけなのか、それとも、じつはドルイドはケルトの宗教の特徴ではなく、ガリアとブリテン島だけにみられるものであったのか、正確なところは分からない。

ドルイドという言葉の意味について、プリニウスの『博物誌』第一六巻二四九節には、「ドルイドは、――ガリア人は彼らの魔術師をそのように呼んでいる――宿り木とそれが生ずる木、特にもしそれが樫の木であるならば、それより神聖なものは何もないとしている。彼らは自分で樫の木の森を選び、樫の木なしではどんな儀式も行わない。そのため、ドルイドという呼び名もギリシア語の訳に由来すると思われる」とあり、ドルイドという言葉はギリシア語「ドリュス（樫の木）」に由来するという説明がなされている。これはドルイドが樫の木の森で儀式を行うことに由来するという。しかし、現代の学者たちは、「ドル」は強調の接頭辞、「イド」はラテン語の video などと同じ語源で「見る、知る」の意であり、「大いなる賢者」の意であると考えている。

カエサルの『ガリア戦記』第六巻一三章では、ガリアで重視されていた階級は騎士とドルイドであるとされ、ドルイドの役割として、神々へ生贄を捧げることと裁判を司ることが述べられている。続く一四章では、「ドルイドは、まず、魂は滅びず、死後あるものから別のものへ移ると説得することを望んでおり(中略)、天体とその運行について、世界と大地の大きさについて、事物の本質について、不死の神々の権能について、考察し、若者に教える」とあり、さらに修行は長い場合には二〇年かかることもあるという。

また、ドルイドは、教えについては文字に記さないが、他のことではギリシア文字を用いており、ドルイドの起源はブリテン島だとされる。ただし、最後の点に関しては現代の研究者の見解は否定的であり、当時はローマの侵攻により、ガリアではドルイドが衰退しつつあり、ブリテン島のほうがドルイド教への信仰が盛んであったため、カエサルが勘違いしたのではないかと考えられている。

†ドルイドの役割

ギリシア・ローマの著作家たちは、ケルト人に関する事柄の中でも、特にドルイドに興味をひかれたらしく、比較的多くの史料でドルイドに関する記述が見いだされる。ただし、それらの記述には食い違いもある。たとえば、ストラボンの『地理誌』第四巻四章には、

「一般的に、(ガリアの)すべての人々の中で特に敬意を払われている人々には、三つの階級がある。バルドイとウァーテスとドルイドである。バルドイは歌い手兼詩人であり、ウァーテスは予言者兼自然学者であり、ドルイドは自然学に加え、倫理学も研究している。ドルイドは最も公正な人々とみなされ、そのため私的な争いも公的な争いも任されている。以前には戦の仲裁も行い、戦列を整えつつある者たちを止めたりし、特に殺人の裁決は彼らに任されていた」とあり、ドルイドのほかにバルドイ(吟唱詩人)やウァーテス(予言者)と呼ばれる人々が存在したと記している。

ストラボンのほか、シチリアのディオドロスなどにも同様の記述がある。しかしストラボンらがバルドイやウァーテスの役割として述べていることは、カエサルによるとすべてドルイドの役割の中に含まれており、カエサルはバルドイやウァーテスにはまったく触れていない。

このような史料による記述の違いはなぜ生じたのだろうか。一つの解釈は、時代による違いだとするものである。ドルイドはもともとは哲学者であり、後に祭祀を司ったり、詩を作るなどのさまざまな役割を担うようになり、宗教・文学・哲学・自然科学など、ケルト人の知的活動全般を司るようになっていた。ところが、ドルイドの役割があまりにも多岐にわたるようになったため、やがて予言や詩歌についてはそれぞれウァーテス、バルドイといった、それを専門とする職が出現し、そちらが担当するようになり、結果として、ドルイドの役割は祭司、儀礼、哲学、教育などに限定されるようになった。カエサルはまだバルドイやウァーテスが現れる前の、ドルイドがすべてを担っていた時代の状況を記録しており、ストラボンやディオドロスは、その後のドルイドの役割がバルドイやウァーテスによって分担されるようになった時代の状況を記している、というものである。

またこれとは別に、第2章で説明したようにストラボンやディオドロスの記述はポセイドニオスに基づいていると思われるので、紀元前二世紀末頃の状況を記しているのであろう。それに対し、カエサルの記録については、ポセイドニオスを含むさまざまな史料を利用し、そこに自身の見聞を加え、『ガリア戦記』全体の構成に合うよう記述を単純化した結果、記述に齟齬が生じたのだとする解釈もある。

『ガリア戦記』中のケルトの民族誌に関する記述が、ポセイドニオスなど過去の著作家の記述に基づいているのか、カエサル自身の見聞が反映されているのかは解釈の分かれるところであり、それによりカエサルが記述しているのがいつ頃の状況なのか、ドルイドの記述にみえる違いがどのような要因によるものなのかという点についても見解が分かれている。

†魂の不死

ドルイドの信奉する宗教的教義として、カエサルは魂の不死に言及しているが、これについては、カエサルのほかにディオドロス、ストラボン、一世紀ローマの地理学者ポンポニウス・メラなどにも同様の記述がある。これは、肉体が死んでも魂は死なず、別の体に移るという教えで、ケルト人はこの教えを信じているために、戦場では死ぬことを恐れず、勇敢に戦ったという。

なお、ポンポニウス・メラは、死後の世界で死者が用いるものを一緒に焼いたり埋めたりし、借金の支払いなども死後の世界に持ち越されると述べており、カエサルもケルト人は死者を火葬にし、その際、死者が生前愛用していたものも一緒に燃やすと述べている。魂が死なないのなら、死後の世界というものも存在しないのではないかと思われ、このような記述は魂の不死の教えと矛盾しているようにもみえるが、どのように整合性がとられていたのかは不明である。

ちなみにこの魂の不死という考え方については、数学の研究で知られる、ギリシアの哲学者ピュタゴラスにも同様の教えがあり、ギリシア人やローマ人にはピュタゴラスの教えを連想させるものだったようだ。そのためシチリアのディオドロスは、ドルイドはもともとピュタゴラスの弟子で、ピュタゴラスから哲学を学んだとも述べている。

†ローマ支配下でのドルイド

宗教には寛容だったローマだが、ドルイド教とユダヤ・キリスト教は例外で、弾圧の対象とされた。ドルイド教は、ローマの初代皇帝アウグストゥスの治世下でローマ市民が信仰することを禁止された。そして、おそらく二代皇帝ティベリウスの治世下でガリアから排斥されはじめ、四代皇帝クラウディウスの治世にはローマ帝国の支配下でドルイド教を信仰することが全面的に禁止された。

ドルイド教が弾圧された理由は定かではないが、ドルイドはローマに対する抵抗を扇動する危険分子とみなされたことや、全ガリアのドルイドが年に一回集まり、集会を開いていると『ガリア戦記』に述べられているように、ケルト人の間でドルイドは部族を越えたネットワークを築いていたことなどから、ローマに対する反乱を助長する危険な存在とみられていたのではないかと思われる。そして、クラウディウス帝はブリテン島遠征軍がドルイドのネットワークに苦しめられたため、全面的な禁止に踏み切ったと考えられる。

ただし、ドルイドがすぐに根絶やしになったわけではなく、四世紀にもドルイドの血を引く人が存在したとされる。四世紀の詩人でグラティアヌス帝の家庭教師でもあったアウソニウスは、もともとブルディガラ（現ボルドー）の学校教師であった。そのアウソニウスがかつての同僚たちについて述べた『ブルディガラの教師たちの覚書』には、ドルイドの血筋とされる人物が二人挙げられている。一人はアッティウス・パテラで、バイオカッスス（現バイユー）出身のドルイドの血筋の人物であり、もう一人はフォエビキウスで、こちらはブルターニュ出身であったという。ドルイドの血筋というだけで、彼らがドルイドであったかどうかは分からないが、少なくとも、記憶に残るくらい近い世代にはドルイドがいたのであろう。

オペラが好きな人はベッリーニ作曲のオペラ『ノルマ』を見たことがあるかもしれない。ノルマはローマの将校に捨てられるドルイドの娘であるが、女性のドルイドが実在したかどうか、はっきりしたことは不明である。前章でも少し触れたように、『ヒストリア・アウグスタ』には、三か所ほど女性ドルイドについての記述がある。そこでは、将来皇帝になることを予言したり、皇帝に近々暗殺されることを予言したり、といった予言者として描かれている。

†生贄

カエサルによると、ケルト人はドルイドなしで神々に生贄を捧げることはなかったとされる。通常は動物が生贄に捧げられたが、動物のほかに人間を生贄に捧げることもあったとされ、カエサルは、ケルト人は木で編んだ人型の人形に罪人を詰め、火をつけて燃やし、神々に捧げると述べている。また、先に触れたようにストラボンにはドルイドが生贄の人間をナイフで刺し、血の流れ方や手足のけいれんの仕方で神の意志を占うという記述がある。

なお、中世のアイルランド語の文献では、古典文献のような人身御供ではないが、ドルイドが牡牛、牡羊、牡山羊などを生贄に捧げ、生贄の動物の血を貯めておき、ドルイド自身が生贄の血だまりの中に膝まで入り、身を浄《きよ》める、といった記述があり、古典文献以上におどろおどろしい様子が描かれている。そして、ナナカマドの木で円形の編み垣を作り、生贄にした牡牛の皮を剝いで広げ、悪魔を呼び出し、契約を結んだり、知識を得たりする、とも記されている。これらの記述はキリスト教の文献に書かれているものなので、ことさらに不気味な雰囲気を強調しているのかもしれない。

さらに近世になると、このようなドルイドの生贄の儀式は先史時代の巨石建造物の遺跡と結びつけられ、それらの遺跡がドルイドが血みどろの儀式を行った場所だとみなされるようになった。ドルイドに興味をひかれたのは古代の作家たちだけではなく、近世以降もさまざまなドルイドのイメージが作られていった。それらはスチュアート・ピゴットの研究に詳しいが、このような残忍なドルイドのイメージは、現代でも映画『ウィッカーマン』（一九七三年、リメイク二〇〇六年）などに反映されている。

コラム

ケルト人の教育

ケルト人の子どもの育て方についての詳細は不明だが、カエサルによれば、父親は子どもが軍務に就けるようになるまで公の場では子どもを自分に近寄らせない、という。ここからは、ケルト人の教育方針が、立派な戦士に育てることを目標に、子どもを突き放し、自力ではい上がってくるのを見守るやり方だったのではないかとも思われる。

また、カエサルはドルイドの役割として若者の教育を挙げており、古代ケルト人の教育において、ドルイドが重要な役割を果たしていたことが推測される。ただし、ドルイドの教育の仕方がどのようなものだったのかは伝えられていない。なお、ドルイドになるための教育では多くの詩句を暗誦しなくてはならなかったとされ、なかには二〇年かかる者もいたという。もし若者の教育も同じやり方であったのなら、暗記重視の詰め込み教育だったのかもしれない。

ローマによるガリア征服後、ガリアではローマ人によって学校が建設されていった。ローマ人の学校では、文法や弁論術の教師たちが教鞭をとっており、ケルト人の間にラテン語や弁論術が普及していった。一世紀にはローマで活躍するガリア出身の弁論家も出現するようになっていく。さらに、一世紀ローマの風刺詩人ユウェナリスは、「雄弁なガリアがブリタニアの弁護士を教育」したと述べており、風刺なので額面通りに受け取ってよいかどうか問題はあるが、ブリテン島からもガリアの学校に学びに来ていたらしい。このような、ローマ支配下のガリアでの急速な教育の発展は、ドルイドによる教育の下地があったためではないかと考える研究者もいる。

ガリアの代表的な学校としては、ギリシア人の植民市だったときから学校が存在していたマッサリア（現マルセイユ）、一世紀にはガリアの教育の中心となったアウグストドゥヌム（現オータン）、ブルディガラ（現ボルドー）などがある。ちなみに四世紀、ブルディガラの学校教師を務めていたアウソニウスは、その名声がローマ皇帝の下にも届き、当時トリアにあった宮廷に招かれ、皇子の家庭教師に任命された。その皇子グラティアヌスは後に皇帝に即位し、アウソニウスも引き立てられ、執政官などの高位の官職を務めるに至った。

これらの学校では、初等学校教師、文法教師、弁論教師による三段階の教育が行われていた。ただし、ローマの学校教育は主として上流階級のためのものであり、ガリアの田舎ではガリア語が使われ続けるなど、必ずしもローマ式の教育が普及したわけではなかった。その後、ゲルマン人によってガリアが征服されると、学校は衰退していった。ガリア北部ではギリシア・ローマの古典文化への関心は失われるが、それでもなおガリア南部では貴族階層を中心に古典の教養が保存された。しかし、六世紀頃にはローマ式の学校はほぼ姿を消し、学校教育はキリスト教の教会付属学校でのみ行われるようになっていた。

第 6 章

オシアンの夢

ジャン＝オーギュスト＝ドミニク・アングル『オシアンの夢』

1　フィアナ物語

第1章でアイルランドの神話の四つの区分を紹介した。そのうちダーナ神話とアルスター物語（第2章、第3章）についてはすでに扱ったので、本章ではフィアナ物語を取り上げ、第4章の補足も兼ねて、傭兵を中心にケルト社会と地中海世界との関わりや、現代におけるロマンティックなケルト・イメージの起源について論じていこう。

†オシアンの夢

フランスの画家アングル（一七八〇―一八六七）に『オシアンの夢』という作品がある（第6章章扉参照）。アングルの生地モントーバンのアングル美術館に所蔵されている、高さ約三五〇センチメートル、幅約二八〇センチメートルの巨大な作品で、画面の下部には年老いたオシアンが竪琴に寄りかかってまどろんでいる姿が描かれ、オシアンが見ている夢が画面上部に表されている。

この作品は、当時ローマに滞在していたアングルが、ナポレオンから依頼を受けて一八一二—一三年頃製作したもので、当初はナポレオンがローマでの逗留先に予定していたクイリナーレ宮の寝室の天井画になるはずだったものだが、ロシア遠征の失敗とそれに続くナポレオンの失脚により、アングルの手元に戻され、最終的には一八三五年に現在のかたちに完成したといわれる。ナポレオンはマクファーソンの『オシアン作品集』を愛読しており、戦地にも携えていくほどであったといわれ、アングルの『オシアンの夢』もナポレオンの好みに合わせマクファーソンを基にしたものである。

ジェイムズ・マクファーソン（一七三六—九六）は、スコットランドのインバネス出身で、アバディーンやエディンバラで学んだ後、学校の教師をしていたが、一七六〇年、スコットランド・ゲール語から英語に訳したと称する詩を、『スコットランド高地地方の古代詩断片集』と題して出版した。これが好評を博し、マクファーソンはスコットランド高地地方を旅行して新たな写本の発見に成功したといい、その写本から翻訳したと称する作品を、一七六二年に『フィンガル』、翌六三年にその続編を『テモラ』と題して刊行した。さらに一七六五年、これら三作品は改めて『オシアン作品集、フィンガルの息子たち』としてまとめられた。

今日では、これらは実際にはマクファーソンが主張するような、スコットランド・ゲール語の古詩を訳したものではなく、マクファーソンがアイルランドのフィアナ物語を中心に、アイルランドやスコットランドなどのさまざまな伝説を利用して創作したものとされている。

†フィアナ物語

まず、マクファーソンが元ネタにした、フィアナ物語についてみておこう。フィアナ物語は、二—三世紀頃の伝説のアイルランド王コルマックの治世を舞台に、英雄フィンとその配下の戦士団フィアナの活躍を描く物語である。物語にはさまざまなヴァリエーションがあるが、フィンの生涯を中心としたおおよそのあらすじは以下のようである。

フィンの父クウィルはドルイドの娘ムルネンと恋仲になるが、ムルネンの父の反対にあい、駆け落ちした。ムルネンの父はクウィルのライヴァル、ゴル・マックモーナにクウィルの殺害とムルネンの奪還を依頼した。ゴル・マックモーナはクウィルの居所を突き止め、クウィルを倒すも、すでに妊娠していたムルネンは、ゴル・マックモーナの手を逃れ、森に逃げこみ、息子を出産した。その子はデヴネと名づけられ、森で二人の女ドルイドにより密かに養育される。デヴネは美しい金髪だったため、やがてフィン（輝く）と呼ばれるようになった。

成長し、自らの父のことを知ると、フィンは仇を求めて旅に出た。その途上、詩を学ぶためにフィネガスという賢者の弟子になった。フィネガスは以前から欲していた知恵の鮭を手に入れたところで、フィンに鮭を料理するよう指示した。知恵の鮭というのは、しきどきアイルランドに現れ、その鮭を食べるとあらゆる知恵が身につくとされている伝説の鮭である。フィンが鮭を焼いていたとき、鮭の油がはねてフィンの親指にかかった。そこで、フィンが火傷した親指をあわてて口に入れなめると、知恵の鮭の力はフィンのものとなった。このようにしてフィンは知恵を得て、以降困ったときには親指をなめると知恵が湧いてきて、どんなことでも分かるようになった。

その後、フィンはコルマック王に仕え、さまざまな冒険に従事した。コルマック王のトでは、毎年サウィン（一一月一日）にタラの王宮に巨人アレンが現れ、王宮を焼き討ちにしていた。フィンは魔法の武具を入手し、アレンの退治に成功し、その褒美として父の仇ゴル・マックモーナと一騎打ちをする許可を得た。この一騎打ちでフィンは父の仇ゴルを倒し、戦士団の長に任命された。この戦士団は、フィンの名前にちなみフィアナ戦士団と呼ばれるようになる。

あるとき、狩りに出たフィンは、一頭の雌鹿を保護し、フィアナの拠点に連れ帰った。翌朝、鹿は美しい女性の姿になっており、その女性はサーブという名の人間でドルイドの魔法で鹿の姿に変えられていたと語る。フィアナの拠点ではその魔法は効力を失い、サーブは人間の姿でいることができるため、フィンはサーブをフィアナで保護することにした。やがて二人は結ばれ、フィンはサーブを妻に迎え、息子が誕生した。しかし、サーブに魔法をかけたドルイドが彼女の居場所を突き止め、フィンが留守にしている隙にサーブは砦の外に誘い出され、鹿に戻ったサーブは再びドルイドの魔法で連れ去られた。

帰還してサーブが行方不明になったことを知ったフィンは、フィアナ総出でサーブの探索を行うが見つからず、幼い息子だけが残された。フィンはその子にオシーン（子鹿の意）と名づけた。

†ジーアルマジとグラーネの追跡

フィンは、その後長らく妻を娶《めと》ることはなかったが、やがて息子オシーンも成長し、フィアナの名声も確立すると、フィンのような立場の者がいつまでも独り身でいるのは好ましくないと、オシーンやフィアナの面々から新しい妻を娶るよう勧められた。フィンは気乗りせず、ふさわしい候補を見つけてくれれば考えると返答したところ、フィアナの戦士たちは、コルマック王の娘グラーネを候補に挙げた。フィンはすべてをフィアナの戦士たちに任せ、そこで、オシーンをはじめとするフィアナの戦士たちはコルマック王の下に赴き、この話を伝えた。コルマック王は娘の結婚は本人の意思に任せていると言い、フィアナたちはグラーネと直接交渉することになった。グラーネはこの結婚を承諾し、お膳立てが整えられたため、フィンも了承し、タラの王宮で結婚が執り行われることになった。

ところが結婚式当日、グラーネはタラにやってきたフィンを見て、自分と年が離れすぎているフィンとの結婚を望まず、オシーンをはじめ、フィアナの戦士たちにフィンの代わりに自分と結婚するよう持ちかけた。皆がフィンへの忠誠からグラーネの申し出を断ると、グラーネは、フィアナの一人ジーァルマジに目を付けてゲシュ（誓い、呪い）をかけ、自分との駆け落ちを強制した。フィンやコルマック王をはじめ、結婚式の出席者たちに眠り薬を飲ませたグラーネは、皆が眠っている間にジーァルマジとともにタラから逃亡した。

フィンは目を覚ますと事の次第を知り、ただちに追っ手を放った。追い詰められたジーァルマジは、育ての親である妖精の王オイングスの助けを借りてフィンの追っ手から逃亡し、オイングスの下で匿われた。オイングスがフィンとジーァルマジの調停に乗り出し、フィンもオイングスをないがしろにすることはできず、表面上はジーァルマジとの和解に同意し、ジーァルマジは許され、フィアナに戻ることになった。

しかし、フィンは心の中ではジーァルマジへの復讐を企てており、ジーァルマジが猪によって殺される、という予言があることを知ると、これを利用しようと考え、ジーァルマジを猪狩りに誘った。フィンの思惑通り、ジーァルマジは狩りの最中、猪によって致命傷を負った。フィンにはさまざまな不思議な力があり、そのうちの一つに、フィンの手ですくった水はあらゆる傷を治す治癒の効果が付与される、というものがあった。ジーァルマジもこの力のことを知っており、そこでフィンに水を飲ませてくれるよう懇願した。フィンは、良心の呵責から、手で水をすくいジーァルマジのところへ持っていこうとするが、潜在意識下の復讐の念から、持っていく途中で無意識に水をこぼしてしまい、それを繰り返している間にジーァルマジは息絶えた。

†フィンとフィアナの最期

コルマック王が死ぬとその子カルブレが新王として即位した。フィアナはコルマック王の下では、王から支援を受ける代わりに、有事の際には王のために働くことになっていたが、カルブレはこの関係を断ち切ろうとし、支援を打ち切ることでフィアナ戦士団の取り潰しを図った。

フィアナ戦士団は、王の命であっても理不尽な命令には抵抗すべきとするフィンを中心とした派閥と、どんなものでも王の命には従うべきとする派とに分裂し、カルブレはフィアナが分裂したのを好機と見て、自ら軍を率いて討伐に赴いた。この戦いで、カルブレは、オシーンの子オスカルに致命傷を与えるが、自らも瀕死のオスカルによって討ち取られた。

孫の死を聞いて気落ちしたフィンも戦死し、オシーンら数名を除きフィアナ戦士団は壊滅した。生き延びたオシーンは戦いから離れ、吟遊詩人としてアイルランド各地をめぐり、仲間たちの武勲を語り伝えたとされる。

フィアナ物語は、アイルランドの物語の中でも特に人気のあるもので、後に民間ではさまざまな物語が作られていった。特に「ティール・ナ・ノーグでのオシーン」は浦島太郎に似た物語として、わが国でも知られている。

オシーンはマナナン・マク・リールの娘ニアヴに招かれティール・ナ・ノーグへ行った。ティール・ナ・ノーグは「常若の国」と訳されるが、アイルランドの西の彼方にあるとされる伝説上の楽園のことである。ティール・ナ・ノーグで三年が過ぎ、オシーンはアイルランドへ帰ることを望んだ。そこでニアヴはオシーンに馬を与え、馬から降りないよう忠告した。オシーンがアイルランドに戻ると、アイルランドでは三〇〇年が過ぎており、オシーンの父フィンの館もすでに荒廃していた。オシーンは石を運んでいる人に出会い、手伝ったときに鐙《あぶみ》が切れ、足が地面についてしまった。するとオシーンはたちまち老人の姿になってしまったというものである。

さて、このフィアナ物語のフィアナ戦士団は、一応形式上はアイルランド王コルマックに仕え、コルマックから経済的な援助を与えられているが、実質的には独立した傭兵団のような存在だったようだ。実際、ケルト人は古くから傭兵活動に従事しており、ケルト人にとって重要な稼業であった。そこでケルト人の傭兵についてみていこう。

2　傭兵と地中海世界

†ケルト人傭兵

ケルト人傭兵は、紀元前四世紀半ば頃からギリシア本土やシチリア島など地中海沿岸部のギリシア人の植民都市、ヘレニズム諸国などで活躍していたことが知られている。紀元前三六七年のシチリア島で雇われていたケルト人傭兵が、記録に残されている最古の例である。

ケルト人の傭兵として有名なのは、ガイサタイである。ガイサタイは、紀元前二二五年のテラモンの戦いでケルト軍が雇ったケルト人傭兵で、「ガイ」はケルト語で槍を意味すると考えられており、おそらく槍で武装した集団であったと推測されている。紀元前二二五年、ケルト人のインスブレース族とボイイ族はガイサタイと同盟し、ローマへと進軍した。ローマ軍とガリア軍はローマとピサの間にあるテラモンで戦い、ガリア軍はローマ軍に挟撃され、敗れ去った。紀元前二二二年、ブリトゥマトゥス王率いる一万のガイサタイは再度パドゥア川付近を劫略《ごうりゃく》した。それに対し、ローマでは「ローマの剣」と呼ばれた将軍マルケッルスが迎撃し、ブリトゥマトゥスを一騎打ちで討ち取り、勝利した。その勢いに乗り、マルケッルスはメディオラヌム（現ミラノ）を攻略し、ケルト人は北イタリアから追い出されることとなった。

東方ではガラティアの傭兵が重宝されていた。ガラティア王国の建国はケルト人の東方進出と関わっている。紀元前三世紀、ケルト人は複数の部隊に分かれ、バルカン半島への進出を図った。一隊は、紀元前二八〇年、ベルギウスに率いられ、マケドニアへ侵入した。マケドニア王プトレマイオス・ケラウノス自身が迎撃に出たが、ケルト人はこれを敗死させた。しかし、紀元前二七七年、新たなマケドニア王アンティゴノス・ゴナタスに敗れ、マケドニアへの進出は失敗に終わった。生き残った者たちは現在のブルガリアへと退き、コンモントリオスの指揮の下テュリスという町を都とする王国（テュリス王国）を形成することになった。テュリス王国は半世紀余り後、紀元前二一二年、トラキア人によって滅亡した。最後の王はカウァロスという人物であったと伝えられる。

†デルフォイ侵攻

別の一隊は、紀元前二七九年、ブレンノス指揮の下、ギリシア本土へと進出した。伝えられるところでは、ブレンノスはギリシア侵攻に難色を示す者たちをその気にさせるため、ギリシア人捕虜のうち、体格が貧相な者を示し、ギリシア人に勝利するのは容易だと思わせ、ギリシア遠征へ駆り立てたという。ブレンノスの隊はエーゲ海沿いを南下し、ペルシア戦争の古戦場テルモピュライで、迎撃に来たアテナイなどギリシア連合軍と戦い、これを打ち破った。そして、戦利品の金メッキの像を純金製と偽って示し、デルフォイではこれ以上の戦利品を得ることができると期待をあおり、士気を高めた。

ケルト軍はさらに南下し、デルフォイへ向かった。二世紀の著作家パウサニアスが『ギリシア案内記』で伝えるところでは、ケルト人がデルフォイを包囲したその夜、ケルト人の陣営には落雷があり、さらに季節外れの吹雪や落石などに襲われ、ケルト人は混乱して一睡もできなかった。翌朝になっても混乱は収まらず、その様子を見たギリシア軍はデルフォイから打って出て、ケルト人を打ち破った。ブレンノスも致命傷を負い、毒を仰いで自決した。このときアポロンも戦場に現れギリシア側に加護を与えたという。

一方、ポンペイウス・トログスが伝えるところでは、ケルト人がデルフォイに到着したのは秋の収穫間近の時期であり、デルフォイ周辺の農民たちは作物をそのままにしてデルフォイへと逃げ込んだ。ケルト人は苦しい遠征の末にデルフォイにたどり着き、豊富な食料やワインの誘惑に勝てず、デルフォイ攻撃の前に飲み食いに夢中になった。ギリシア側では、デルフォイ防衛の兵力が足りず、アテナイの海軍がテルモピュライの敗残兵を拾い上げ、海路でデルフォイへと向かっていた。当初はケルト軍の進軍速度のほうが早く、間に合いそうになかったが、ケルト人が飲み食いしている間に、この援軍がデルフォイへ到着した。ケルト人は二日酔いの残るままデルフォイへと攻撃を仕掛けたところ、増強されたギリシア軍に返り討ちに遭い、ブレンノスも戦死したという。

パウサニアスは二世紀、ポンペイウス・トログスは紀元前一世紀の人物だが、その著作は三世紀のユスティヌスによる要約が残るだけであり、はたしてどちらが正しいのかは分からないが、いずれにせよギリシア軍に敗れたケルト人は、ギリシア軍の追撃を受けながら、エーゲ海沿いを今度は北上し、途中、東に進路を変え、小アジアへと逃れていった。

†ガラティア王国

小アジアでは、紀元前二七八年、ビテュニアのニコメデス一世（在位紀元前二七八―二五〇）がケルト人傭兵を募集し、レオノロスとルタリオスという二人に率いられ、トリストボギオイ族、テクトサゲス族、トロクモイ族の三部族がそれに応じ、小アジアへやってきた。これらの部族は、ビテュニアとの契約が終わった後も小アジアにとどまっており、そこへデルフォイへ侵入した生き残りの者たちが合流し、小アジア内陸部にガラティア王国を建国した。中心となったのは傭兵として先に来ていた三部族で、テクトサゲス族は、アンキュラ（現アンカラ）周辺の中央部に居住し、トリストボギオイ族はペッシヌスを中心に西部に居住し、トロクモイ族が東部に居住した。

ガラティア王国の住民の大部分は土着のフリュギア人であり、移住してきた少数のケルト人が彼らを支配した。小アジアのケルト人は、ギリシア語で「ガリア」を意味する「ガラティア」の名で呼ばれたが、少数派だったためか、彼らの文化の痕跡は今日ほとんど残存しておらず、考古学的遺物としては、馬具や装身具がわずかに発見されているのみである。

ガラティア王国は勇猛果敢な戦士集団であり、しばしば周辺地域を劫略し、恐れられていたが、セレウコス朝シリアやプトレマイオス朝エジプトなど、ヘレニズム諸国で傭兵としても活躍していた。これらの国々はガラティア傭兵なしでは戦争しないと評されるほど傭兵に依存していた。そのため、ヘレニズム期にはガラティア傭兵を題材にした文学作品も多数書かれたと伝えられるが、散逸してしまい現在では伝わっていない。

なお、ガラティア傭兵と関係があるかどうかは不明だが、アフガニスタンでも、ケルト人騎兵を描いたとされる像が発見されている（図6-1）。ギリシアやローマで作られたものが、交易などでアフガニスタンにまで伝わったものなのか、あるいは現地で作られたものなのか、その来歴は不明である。セレウコス朝シリアはアフガニスタンまで支配下に置いていたので、もしセレウコス朝シリアで雇われたケルト人傭兵がアフガニスタンにまで来ており、その姿が描かれたものだとすれば、ケルト人傭兵の活動範囲はヨーロッパをはるかに越え、中央アジアにまで及んでいたことになる。

図6-1　ケルト人騎兵とされる像

†エジプトのケルト人傭兵

フランスの漫画『アステリクス』シリーズは、ケルト人アステリクスを主人公にした物語で、『タンタンの冒険』と並ぶフランスの国民的漫画である。単行本の冒頭は、「紀元前五〇年、全ガリアはローマ人によって征服された。全部？　いや、ガリア人の一つの村が常に断固として侵略者に抵抗し続けている。

アクアリウム、ババオルム、ラウダヌム、プティボヌムの防御陣地に駐屯するローマ軍団兵にとって、その生活は安穏なものではない……」という説明で始まる。この説明にあるように、紀元前五〇年頃のガリアで、ローマによって唯一征服されていないケルト人の村を舞台にした漫画だが、シリーズ中でも特に人気が高く、アニメ化や映画化もされたエピソードに『アステリクスとクレオパトラ』がある。『アステリクスとクレオパトラ』は一九六五年に刊行された、シリーズ六冊目の単行本である。

クレオパトラは、アレクサンドリアにカエサルのための新しい宮殿を建設することを計画し、大臣に三か月で新宮殿を完成させるよう命令する。クレオパトラの無茶ぶりに頭を抱えた大臣は、ケルト人の村のドルイド、パノラミクスのところへ助けを求めに来る。パノラミクスは快諾し、そこでアステリクスたちもパノラミクスとともにエジプトへ行き、宮殿建設を手伝うことになる。パノラミクスが魔法の薬を作り、エジプト人たちに飲ませると、エジプト人の人夫たちは、巨大な石を軽々と運べるようになり、急ピッチで建設作業は進展する。

ところが、アレクサンドリアに駐屯していたローマ軍がアステリクスたちの姿を目撃し、アステリクスがエジプトに来ていることがエジプト滞在中のカエサルの耳に入る。ローマ軍はアステリクスたちを襲撃し、アステリクスたちは建設中の宮殿に立てこもり迎撃する。

アステリクスはひそかにローマ軍の包囲を抜け、クレオパトラに事の次第を伝える。クレオパトラは両者の争いの場に出てくると、宮殿建設の邪魔をしないようカエサルを制止する。包囲は解かれ、宮殿が無事完成すると、アステリクスたちは報酬を受け取ってガリアへと帰還し、その報酬で宴会を楽しむのだった。

この『アステリクスとクレオパトラ』のように、ケルト人とクレオパトラに接点はあったのだろうか。ロゼッタストーンで有名なプトレマイオス五世エピファネス（在位紀元前二〇四—一八〇）の治世下、ガラティアのケルト人傭兵がプトレマイオス朝エジプトに存在していたことが分かっている。その後は、紀元前一世紀にもケルト人らしき女性の名前がエジプトで確認されているが、傭兵の存在に関しては明確な証拠は残されていない。しかし、一世紀のユダヤ人歴史家ヨセフスの『ユダヤ古代誌』（第一五巻二一七）によると、紀元前三〇年頃、オクタウィアヌスが、クレオパトラの護衛だったケルト人四〇〇人をユダヤのヘロデ王に贈ったという。

このケルト人護衛がプトレマイオス朝の雇っていた傭兵なのか、あるいはカエサルがガリア征服後にガリアから連れてきた兵士なのかは不明だが、これが事実ならクレオパトラの近くにはケルト人が仕えていたということになり、クレオパトラは日常的にケルト人の姿を見る機会があったのかもしれない。クレオパトラは語学に堪能だったと伝えられるので、もしかするとガリア語を学ぶ機会すらあったかもしれない。

ケルト人傭兵とポエニ戦争

一方、西方ではケルトイベリアの傭兵が重宝されていた。イベリア半島では、古くから傭兵稼業が盛んであり、ギリシア人は紀元前五世紀のペロポネソス戦争時からスペイン出身の傭兵を雇用していた記録が残っている。

カルタゴのハンニバルのアルプス越えで知られる、第二次ポエニ戦争（紀元前二一八年—二〇一年）では、カルタゴとローマの双方がケルト人傭兵を雇用していた。紀元前三世紀、ローマは、カルタゴと第一次ポエニ戦争（紀元前二六四年—二四一年）を戦い、これに勝利してシチリア島を属州とするなど、地中海へと勢力を拡大していった。カルタゴ人は第一次ポエニ戦争でローマに敗れ、サルディニア島やコルシカ島を失うと、その代わりとしてイベリア半島の領域を拡大し始めた。ハンニバルの時代、イベリア半島のカルタゴ領はエブロ川まで広がっていた。

紀元前二一八年、ハンニバルはローマと同盟していたサグントゥムを攻略し、さらに、スペインからピレネー山脈とアルプス山脈を越え、イタリアへ侵入してきた。第二次ポエニ戦争の始まりである。さて、ハンニバルはピレネー山脈を越えた後、現在の南仏を通っ

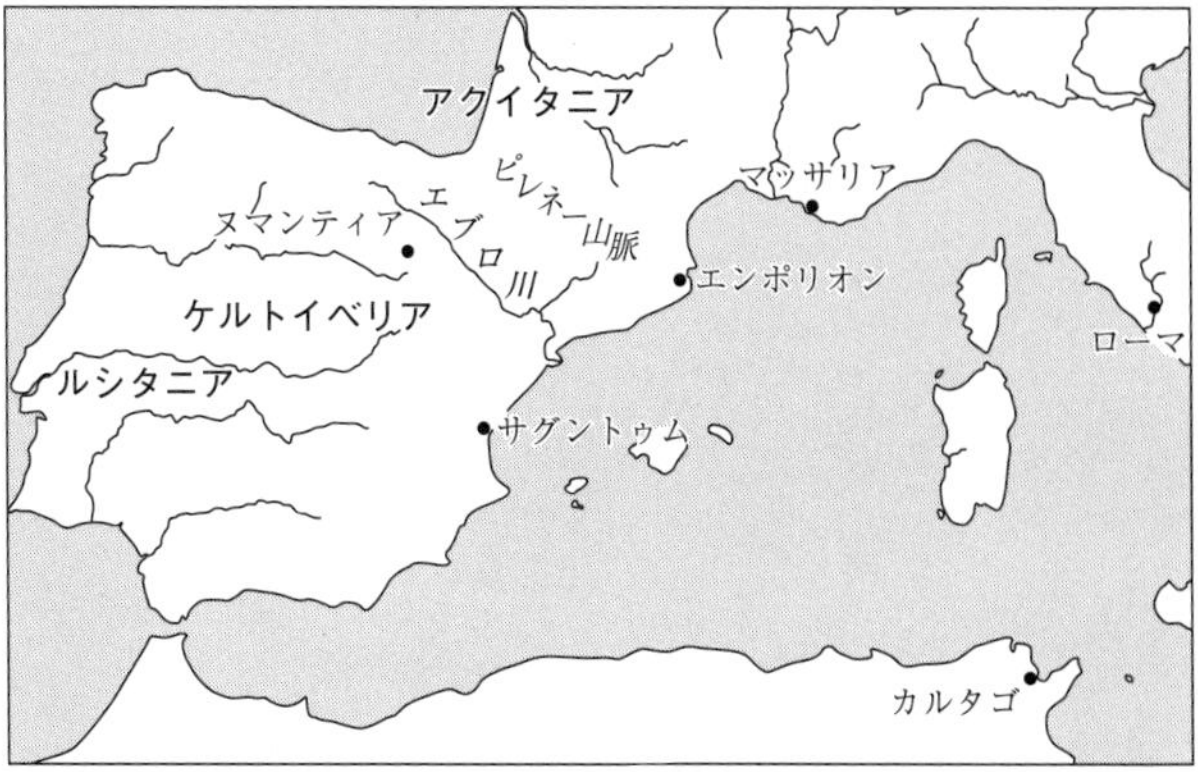

図6-2　イベリア半島および南ガリア周辺

て進軍したわけだが、当時ここはカルタゴの領土でもローマの勢力圏でもなく、ケルト人の居住地であった。ハンニバルは、ローマと敵対するアッロブロゲス族と交渉し、彼らを味方につけることに成功した。こうしてケルト軍を加え、イタリア半島に侵攻したハンニバルは、カンナエの戦いでローマ軍を打ち破るなどローマを苦しめた。

苦戦したローマは、紀元前二〇五年、アポロの神託を集めたとされる『シビュラの予言書』にしたがって、小アジアからフリュギアの大地母神マグナ・マテル（キュベレ）をローマへ導入することにし、使節をペッシヌスへと派遣した。そして、そこに祀られていたマグナ・マテルの神体である石とマグナ・マテルに仕える去勢された神官がローマへともたらされた。このペッシヌスはガラティアのトリストボギオイ族の中心都市であり、すなわちケルト人の支配地域であった。そのため、マグナ・マテルの神官は「ガリア人」と呼ばれた。

ハンニバルは、ケルトイベリアとルシタニア（現在のポルトガルを含むイベリア半島西部地域）の騎兵、約二〇〇〇を雇ってイタリアへ帯同した。彼らはハンニバルがローマ軍を打ち破ったカンナエの戦いでも活躍したと伝えられる。また、アルプス越えの前、南ガリア進軍時にはガリアのケルト人を道案内のために雇った。このとき、ローマと同盟を結んでいたギリシア人の植民市マッサリア（現マルセイユ）は、ハンニバルの動きをローマに知らせて進軍を遅らせるために、カルタゴ同様ケルト人傭兵を雇い、ハンニバル軍を追跡している。

一方、ローマ側もケルト人傭兵を雇って対抗している。紀元前二一三年、ローマの将軍スキピオ（大スキピオの父）は、イベリア半島遠征中にケルト人傭兵を雇い、そのうち二〇〇人をイタリア防衛に送った。ちなみにこれは、ローマによってケルト人傭兵が雇われた最古の記録である。このときの目的はローマ側にケルト人傭兵がいることを見せつけることで、ハンニバルにケルト人傭兵への疑念を植え付けることだったとされる。だがこの作戦は裏目に出たようで、紀元前二一一年、ハンニバルの兄ハスドゥルバルは、ローマが雇っていたケルト人傭兵を買収し、スキピオを暗殺させることとなる。

また、ローマの将軍マルクス・クラウディウス・マルケッルスは、紀元前二一四年、シチリアの町シュラクサイ（現シラクサ）がローマを裏切り、カルタゴ側につくと、シュラクサイ討伐のため、シチリアに遠征した。紀元前二一一年にシュラクサイは降伏することになるが、シュラクサイに雇われていたケルトイベリア人の指揮官モエリクスとベッリゲヌスは、シュラクサイを裏切りマルケッルスの側に寝返ったとされる。

ギリシア人からは、ケルト人傭兵は勇猛だが、気まぐれで信の置けない、いわば両刃の剣とみなされていた。もっとも、カルタゴとケルトイベリア人の関係は比較的良好で、モエリクスのようなカルタゴを裏切った例は稀である。また、紀元前一九七年、イベリア半島南部に住んでいたトゥルデタニ族がローマに反乱を起こした際には、ケルトイベリア人の傭兵三万人を雇用したと伝えられており、第二次ポエニ戦争後もケルトイベリアでは傭兵稼業が継続されていた。

†傭兵活動

傭兵活動はケルト人にとっては出稼ぎ活動であったと思われる。正確な規模は分かっていないが、古典文献の記述によると、ケルト人の戦士は遠征の際、乗っていく馬のほかに、予備の馬を二頭連れていくとされている。傭兵として出かけるときも同様であったと仮定すると、予備の馬だけでなく、おそらく戦士は従者なども連れていったであろうから、傭兵として参加した戦士に加え、それと同数かそれ以上の従者、戦士の三倍の数の馬が最低でも参加したことになり、すべて含めるとかなりの規模になったであろう。

たとえば、先に述べたようにハンニバルは二〇〇〇人の傭兵を雇ったとされているが、その場合、馬だけで少なくとも六〇〇〇頭、それぞれ従者を一人ないし二人連れていたと仮定すれば実際の数は四〇〇〇—五〇〇〇人ほどになったのではないだろうか。ケルト人の一部族の人口に関して正確なデータはないが、古典文献では、ガリアの大きな部族の場合の例として二〇万という記述がある。二〇万の人口のうち、四〇〇〇人が参加したとすれば人口の二パーセントということになる。しかもその参加者たちは主要な働き手である成人男性である。傭兵事業は、部族にとっての一大事業であったといえるだろう。

そこで、ケルト人の部族は、必要があればすぐに傭兵活動に従事できるよう常にある程度準備していなければ、募集があった際に対応するのは困難であったと考えられる。そうであるならケルト人の社会体制は、傭兵事業に即応できる体制が整えられていたことになるだろう。それはどのような体制であろうか。

ケルト人の有力者には、子どもを王の養子に出す習慣があったといわれる。この養子制は、有力者の子どもを人質として裏切りを防ぐ目的のほかに、疑似的な家族関係を結ぶことで部族の結束を強化する目的があったものと思われる。イメージとしては、任俠映画などで、子分が親分から盃をもらい、義理の親子関係を結ぶようなものが近いだろうか。

また、このほかにケルト社会の絆の強化に寄与していたと思われるのが、祖先信仰である。ケルトの部族民は、皆が同じ神の子孫であると信じていたといわれる。たとえば、その神はカエサルが述べているように、ディス・パテルかもしれないし、テウタテスなど部族の守護神であったかもしれない。そして、おそらく定期的にその神を祀る宗教儀礼を行っていたと思われる。このような祖先信仰の儀礼を通して、部族民の間に同族意識を喚起していたのではないだろうか。これらにより、募集がかかったときに、ケルト人はスムーズに傭兵活動へ移行することができたのであろう。ケルト人の傭兵稼業を支えていたのは養子制と祖先信仰であるといえるかもしれない。

3　ロマン主義とケルト

†オシアンとロマン主義

さて、ここで本章冒頭で触れたマクファーソンに戻ろう。マクファーソンの『オシアン作品集』は、同時代のヨーロッパ・アメリカの芸術に大きな影響を与え、語り手のオシアン（フィアナ物語のオシーン）は、「北のホメロス」と讃えられ、一七六〇年代の間にフランス語訳、ドイツ語訳、イタリア語訳が出版され、一九世紀前半まではスペイン語、ロシア語、チェコ語、ポーランド語、ハンガリー語、デンマーク語など、各国語に翻訳され、国際的に高く評価されていった。

この背景には当時の芸術思潮があった。『オシアン作品集』が発表された一八世紀半ば、ポンペイなどギリシア・ローマの遺跡の発掘やドイツの考古学者、美術史家ヴィンケルマン（一七一七―六八）の影響により、ギリシア・ローマの建築や美術を模範とする新古典主義が盛んとなっていた。一八世紀後半になると、均衡や調和、理性を重視する新古典主義に対する反発から、感性や情熱、想像力を重視する芸術思潮が興ってくるようになった。それがロマン主義である。

ロマン主義の先駆けとなったのは、ドイツの「シュトゥルム・ウント・ドラング（疾風怒濤）」と呼ばれる文学運動である。この運動の中心人物の一人ヘルダー（一七四四―一八〇三）が、『オシアン書簡』（一七七三）で『オシアン』の文学的価値を見いだすと、ヘルダーに触発されたシュトゥルム・ウント・ドラングの作家たちは、シェイクスピアなどと並んで『オシアン作品集』を文学上の模範と考えるようになった。そのうちの一人ゲーテが

『若きウェルテルの悩み』（一七七四）で『オシアン』の一部をドイツ語に訳して引用しているのは有名である。『オシアン』に描かれる幻想的な自然の描写、英雄叙事詩に通じる戦士たちの激しい戦いと悲劇的な最期、これらの要素が、奔放な感情の流れや幻想的な自然の美を追い求める芸術家たちの心をつかんだのである。

『オシアン』の影響は、文学だけにとどまらなかった。音楽ではメンデルスゾーンがスコットランドに赴き、フィンガルが住んでいたとされるスタッファ島など、フィンガルゆかりの地を訪れ、序曲『フィンガルの洞窟』（一八三〇）を作曲している。さらに一八三二年には、イギリスの画家ターナーもスタッファ島を訪れ、『スタッファ島、フィンガルの洞窟』を描いている（図6-

図6-3　スタッファ島のフィンガルの洞窟

図6-4　ターナー『スタッファ島、フィンガルの洞窟』（1832年）

3、6-4）。

イギリスやフランスでも同様にロマン主義の芸術家を中心に大きな影響を与え、ワーズワース、キーツ、テニスン、ウォルター・スコットなどがスタッファ島を訪れ、ヴィクトリア女王もスタッファ島を訪問したという。アメリカでは独立宣言の起草者で、第三代大統領となったトマス・ジェファソンも『オシアン』を愛読していたといわれる。そして一八―一九世紀のヨーロッパの芸術、特にロマン主義の芸術に大きな影響を与えるとともに、ケルト人のイメージも大きく変えることになった。

†好古家からの批判

その一方で、マクファーソンの『オシアン作品集』には、出版直後から真偽のほどをめぐり議論があった。たとえば、ウォルター・スコット（一七七一―一八三二）の一八世紀終わりを舞台にした小説『好古家』（一八一六）には、主人公の好古家に次のようなセリフがある。

伝説的英雄オシアンの詩についての、マクリップとわしの論争を紹介しようか。わしは、オークニー諸島出身の明敏なるマクファーソンが書いたものとする説に賛成なんだ――一方、マクリッツブは、オシアン本人による真正なものとする人々に賛成している――この論争は、初めは、穏やかで、そつのない、上品な言葉で始まったんだがね。だんだん進むにつれて、今では意地悪く、激しいものになってきたんだ――すでにいくらか、昔のスカリゲルの文体みたいになっている。（貝瀬英夫訳、一部改変）

このスカリゲルとは、イタリアの医者、人文主義者、詩人で、エラスムスを痛烈に批判したスカリゲル（一四八四―一五五八）のことであろう。スカリゲルはエラスムスを批判した後、南仏のアジャンに移住し、そこで三〇歳近く年下の女性と結婚する。二人の間に生まれた息子の一人は、後にライデン大学の教授となる有名な古典学者（一五四〇―一六〇九）であり、こちらの可能性もあるが、ここは論争の文体の話であるから父親のことと考えるほうが自然だろう。

ちなみに息子のほうのスカリゲルはケルト研究とも無関係ではない。彼は一五九九年に『ヨーロッパの言語についての研究』という著作を著しており、この著作でスカリゲルはヨーロッパの諸言語を四つの大言語と七つの小言語に分けている。そして、小言語の五番目を「ヒルランディカ（アイルランド語）」、六番目を「ウェトゥス・ブリタンニカ（古代ブリタンニア語）」と呼んでおり、前者にはアイルランド語とスコットランド・ゲール語が、後者にはウェールズ語とブルトン語が分類されている。これは今日の島嶼ケルト語の分類に相当する分け方であり、島嶼ケルト語を二派に分けて論じた先駆的な著作と評価されている。もっともスカリゲルにはこれらすべてをひっくるめて「ケルト語」とする発想はなかった。

†ロマンティックなケルト・イメージの普及

さて、今日では『オシアン作品集』は、スコットの好古家が主張しているように、マクファーソンによる創作とみなされている。スコットの好古家はたびたびマクファーソンやオシアンへの批判を口にしているが、マクファーソン以前に、ロマンティックなケルト・イメージの一翼を担っていたのもまた好古家であった。前章でも少し触れた、ドルイドをブリテン諸島の巨石建造物と結びつける考え方は中世から現れているが、ストーンヘンジを中心とするエイバリーの巨石建造物群をドルイドの神殿であるとする見解は、一七世紀イギリスの好古家ジョン・オーブリー（一六二六―九七）に始まるとされる。

オーブリーの企図していた書物『ブリタンニアの建造物』は、未完のまま草稿が残されたが、この草稿は回覧され、後の好古家たちに影響を与えた。その一人が、ウィリアム・ストゥクリー（一六八七―一七六五）である。ストゥクリーは、一七四〇年の『ストーンヘンジ――蘇ったブリトン人のドルイド神殿』と一七四三年出版の『エイバリー――ブリトン人のドルイド神殿、その他』の二冊の著書で、ケルト人はフェニキア人の子孫であり、西アジアからブリテン島へ移住し、ドルイドの神殿としてストーンヘンジを建設したという説を唱えた。

一八世紀半ばのスコットランドは、一七四五年のジャコバイトの反乱以降、イングランドにより、政治的、文化的抑圧が強められていた。マクファーソンの『オシアン作品集』出版と普及もこういった背景と無関係ではない。

同時代のフランスの好古家ケリュス伯（一六九二―一七六五）は、カルナックなどブルターニュに残る巨石建造物について、ケルト人以前のものではないかと疑念を呈しており、ケルトにロマンを見いだそうとする好古家とは一線を画している。スコットの好古家も甥に対して、「マクファーソンのあの代物が本当に当時のものだったと、完全に信じているのかね」と批判している。しかし、こうしたケルトと巨石建造物のつながりを疑う声は、『オシアン作品集』をケルトの古歌と信じ、ケルト文化をスコットランドの伝統文化と信じたがった人々の思いの前に打ち消されていったのである。

そして、『オシアン作品集』がケルトの口承文化を伝えたものとみなされたことは、ケルトの口承文芸への関心を高める結果となった。やがて一九世紀末になると、アイルフンドではナショナリズムの高まりとともに、神話や伝説、民話への関心が高まり、「アイルランド文芸復興」と呼ばれる運動が興った。この運動の一環として、アイルランド語で書かれた神話や伝説の英語への翻訳・翻案、それに取材した文学作品の執筆を通して、伝承文学の紹介が行われた。そのアイルランドの神話や伝説はケルトの口承を伝えたものとみなされ、アイルランド人はケルトを自らの文化的ルーツに据えるようになった。そのため、この運動は「ケルティック・リヴァイヴァル」とも呼ばれている。

なお、日本への本格的なケルトの紹介は、大正時代、芥川龍之介や菊池寛など、いわゆる新思潮派の文学者たちによるアイルランド文芸復興の紹介を通してであった。そのため、日本のケルト・イメージはロマン主義的なケルト・イメージの影響を強く受けているといえるだろう。また、ケルトというと、アイルランドのイメージが強いのもこのような事情がいまだ尾を引いているためかもしれない。

コラム

ケルト人の音楽

ケルトの音楽というと、エンヤなどに代表される、アイルランドの伝統音楽をアレンジしたものが連想されるかもしれない。古代ケルト人の音楽がどのようなものだったのか、当時の楽譜などは残っていないため正確なところは分からない。コインや彫像などの図像資料から、リュラのような竪琴の形をした弦楽器、縦笛、オカリナのような形の横笛などの楽器が使われていたらしい（図6-5）。このほかに、古典文献には、ケルト人は集会の際にリズミカルに武器を打ち鳴らすという記述もあるので、打楽器のようなものもあったかもしれない。

古代のケルト人が用いていた楽器の中で、もっともよく知られているのはカルニュクスであろう。カルニュクスは、喩えるならラッパやトランペットのような楽器で、これまでに発見されたものは、先端が動物や怪物の頭の形をしており、二メートル前後の長さの胴体がついている（図6-6）。それを潜望鏡やシュノーケルのように、頭上高くに掲げて吹いたもので、戦闘に入る際に、敵を威圧するために使用されたと考えられている。おそらく遠くから見ると、怪物が不気味な鳴き声を上げているように見えたのだろう。

図6-5　竪琴のような弦楽器を持った像

古典文献の記述のほか、ゴネストロップの大釜には兵士がカルニュクスを吹いている場面が描かれており、そういった場面を描いたコインなども出土している（図6-7）。また、二〇〇一年以降フランス西部タンティニャックからは、全部で七本のカルニュクスが出土している。

　このカルニュクスはどのような音を奏でていたのだろうか。シチリアのディオドロスによれば、ケルト人のラッパは戦の喧噪にふさわしい荒々しい音だとされており、おそらくディオドロスのいうラッパはカルニュクスのことであると思われる。エディンバラのスコットランド国立博物館には復元されたカルニュクスがあるが、その音は、やや濁った重低音の響きであり、どの程度当時の音を再現できているか定かではない

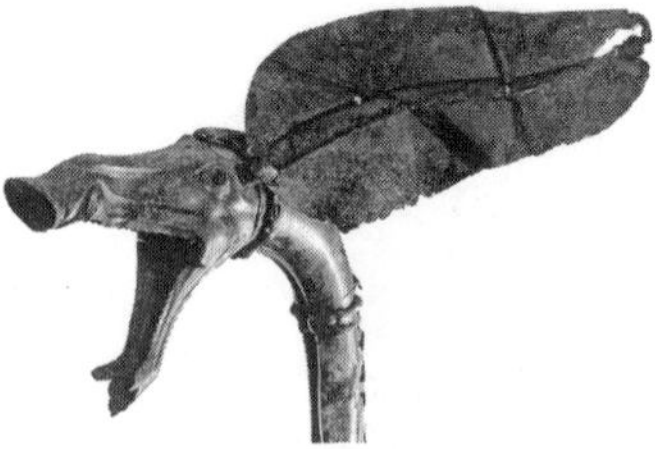

図6-6　カルニュクスの先端部

図6-7　ゴネストロップの大釜に描かれた、カルニュクスを吹く兵士たち

が、獣の唸り声のような音を模していたと思われるので、当たらずとも遠からずといったところだろう。

なおアテナイオスが伝えるところでは、ケルト人は戦いのときでも「食客」とともに行動するとされている。アテナイオスのいう「食客」がどのようなものなのか定かでないが、その中には、歌によって賛辞を述べるバルドイなども含まれていたかもしれず、もしかするとカルニュクスを演奏していたのは、これらの「食客」なのかもしれない。また、ディオドロスは、ケルト人は戦争のときも歌を歌う詩人に従うと述べており、さらに、詩人が両軍の間に分け入って戦いをやめさせることもあったという。これが事実なら、ケルトの戦士たちは、音楽や詩人に対して深い敬意を抱いていたのかもしれない。

もっとも、フランスの漫画『アステリクス』シリーズの登場人物には、アシュランスルリクスという音痴の詩人がおり、あまりにもひどい歌声に戦士たちが戦意をくじかれるといった場面があるので、真相は分からない。

おわりに

最後に、第1章で保留にしたケルト人をどのように捉えるべきかという問題を改めて考えてみよう。第1章では遺伝子研究について紹介したが、遺伝子に基づいて、仮にケルト人を「オーストリアのハルシュタット文化の担い手と同じ遺伝子配列を持った人々」あるいは「オーストリアのハルシュタット文化の担い手の血を直接引いている人々」と定義した場合、そこで紹介したサイクスやオッペンハイマーの見解が正しいのなら、アイルランドやブリテン島の人々はケルト人ではないということになるのだろう。

だが、遺伝子に関して文献学から反論することは難しいが、民族やエスニック・グループのような人間集団は、血のつながりや遺伝子がすべてなのだろうか。皮膚の色や目の色、髪の毛の色など一部の身体的特徴については遺伝子の分析から明らかにすることができるだろうが、エスニシティについても同様に定義されるのだろうか。

もちろん民族やエスニック・グループのような人間集団においても、血のつながりや遺伝子が重要な役割を果たしていることは間違いないが、それですべてが決められるわけではないだろう。もし、遺伝子ですべて決定されるという考え方を現代日本に適用するなら、極論かもしれないが、「日本人」というのは「古くから日本列島に住んでいた人々に特徴的な遺伝子配列を受け継いでいる人」ということになるだろう。その場合、たとえば、両親は「日本人」ではないが日本で生まれ育ち、日本語を母語とする人の場合、いくら本人が自分は「日本人」だというアイデンティティを持っていたとしてもそうだとは認められず、逆に日本で暮らしたことがなく、日本語も理解できず、場合によっては日本国籍すらなくても、両親が「日本人」であれば自動的に「日本人」だとみなされてしまう。いうまでもなく現代と前近代を同列に論じることには問題があるだろうが、このような捉え方は二一世紀のグローバル社会の価値観にふさわしいものだろうか。

また、人間を含めた生物のあり方は遺伝子配列ですべてが決定されるわけではなく、遺伝子の発現にはランダム性があることも知られている。一卵性双生児やクローンなど、まったく同じゲノム配列を持っている生物どうしでも、すべての遺伝子が一〇〇パーセント発現するわけではないため、個体によって違いが生じる。たとえば、一卵性双生児の容姿はきわめてよく似ているが、目の形や耳の形など細かいところで微妙な差異が現れたり、植物のクローンでも個体によって葉の形が微妙に異なる、といった違いが出る。

したがって、遺伝子の分析が、文献史料が十分に残されていない時代の歴史に関して、人々の移動経路などを考察する重要な手がかりを提供してくれることは間違いないであろうが、すべての問題を解決してくれる万能薬というわけではない。また、第1章で紹介したように、現時点では、遺伝子分析でも考古学でも従来の説を支持する証拠と否定する証拠と両方が提示されており、決め手に欠ける。そうである以上、別の側面からケルトをめぐる問題について考えていく必要があろう。

そこで、本書ではその可能性を神話に求め、第2章と第3章で神話とそれに関連する歴史的、文化的事項を取り上げながらケルトについて見てきた。もっとも否定論の立場からすれば、そもそも古典文献や考古資料に基づく「古代のケルト人」と中世の「ケルト神話」を比較しようという発想自体が保守的な考え方に囚われているということになるのかもしれない。

第1章や第2章で述べたように、人の移動と神話や文化の伝播過程をリンクさせ明らかにするという課題が残されているため、現時点ではそういった批判に対して十分に応えることはできない。したがって、中世以降の「ケルト的辺境」の人々や文化を「ケルト」と呼びうるかどうか、明言はできないが、ケルト人の文化的一体性を考えるうえでの、神話の可能性の一端くらいは本書で示せたのではないだろうか。そして、第四章以降で紹介した、ケルト人のさまざまな制度や宗教、たとえば評議会などの政治制度や、神々への信仰などは、古代のヨーロッパに文化的一体性を持った集団としてのケルトが存在したかどうかという問題を考える際の手がかりとなるであろう。

これらのことを踏まえ、古代のエスニシティについては、人々の帰属意識や自己認識、どのような文化的背景を持っているか、といったことをより重視すべきではないだろうか。

ケルトをめぐる議論でも、もちろんケルト人の帰属意識や自己認識といったことは論争の初期から議題に上がっており、先にも紹介したように否定派からは、古代には自らをケルト人と称する史料が存在しない以上、「ケルト人」というのはギリシア人やローマ人など外部の観察者によって貼られたラベルに過ぎず、したがって「ケルト人」というアイデンティティを持った人々は存在しない、と主張されてきた。確かに、文献史料で確認する限り、古代に自分のことをケルト人と呼んでいる例は、第2章で少し触れたスペイン出身の詩人マルティアリスの一例しか存在しない。ただし、だからといってすべてをギリシア人やローマ人によるレッテル貼りであるとして切り捨てるのも早計ではないかと思われる。

現代の社会学における主要な理論的アプローチの一つに、シンボリック相互作用論（象徴的相互作用論）と呼ばれるアプローチがあり、その中の社会の逸脱行動を説明する理論として、アメリカの社会学者ハワード・ベッカーらによって提唱された、ラベリング理論というものがある。これは単純化していえば、逸脱行動は、社会において周りから「逸脱行動」というラベルを貼られてしまうことによって作り出され、「逸脱者」というラベルを貼ることが「逸脱者」を作り出す、という考え方である。

ケルト人のアイデンティティに関してもこれと同じようなことが言えるのではないだろうか。ガリアやスペインやブリテン島の人々が、ギリシア人やローマ人と接触する以前にどのようなアイデンティティを持っていたのか、確認する術《すべ》はないため分からない。しかし、ギリシア人やローマ人から「ケルト人」というレッテルを貼られ、区別して扱われるようになり、ローマ人によって征服され、ローマ支配下でそのような区別が日常となった結果、自分たちはローマ人とは異なる「ケルト人」であるというアイデンティティが確立していったと推測することもできるのではないだろうか。あるいはローマ人の役割期待に応えて「ケルト人」として振る舞うようになっていったと考えることもできるかもしれない。

もちろん、これは単なる一つの可能性であり、現在の史料状況では、証明できるようなことではない。またケルト人は社会の「逸脱者」というわけではないし、現代社会についての理論がそのまま古代の社会にも適用できるというわけでもないだろう。しかし、もしこのような考えが成り立つのなら、暫定的なものではあるが、古代のケルト人とは、ギリシア人やローマ人によって「ケルト人」と呼ばれることにより、「ケルト人」と自覚したり意識したりするようになった人々、と定義できよう。さらに、彼らと同じ文化的背景を持つとみなしうる人々も含めてもよいかもしれない。

近代以降のケルト人の定義においては、ケルト語派の言語を母語にしているかどうかが重視されてきた。ケルト語話者であることを定義に含めないこのような説明には多くの異論があるだろう。もちろん言語を軽視しているわけではないが、古代においては言語資料が限られているため、言語に過度に比重を置いた定義は困難でもあり、必ずしも実態を反映したものにはならないであろう。

また、第2章で述べたように、現存するケルト人に関する最古の記述は、紀元前五世紀のヘロドトスによるものである。そうなると、紀元前五世紀以前にはケルト人と呼ばれている集団は存在しないので、自らを「ケルト人」と意識している集団も存在せず、したがってケルト人は存在しない、ということになる。つまり、ケルト人の歴史はハルシュタット文化ではなく、ラ・テーヌ文化から始まるということになる。もっとも、「ケルト人」とレッテル貼りされ、それを意識した瞬間から考え方や意識、行動様式などすべてが一変するというわけではないであろうから、遡及して用いることも許されるだろう。

たとえば、やはり「日本人」を例に考えてみた場合、「日本」というのは国号であるから、この国号が定められる以前の人々は「日本人」ではないとも考えられる。今日では、「日本」という国号が定められたのは飛鳥《あすか》浄御原令《きよみはらりょう》（六八九年頒布）ないしは大宝律令（七〇一年制定）と考えられているようであるから、卑弥呼も聖徳太子も「日本人」ではないということになる。日本史は門外漢なので正確なところは分からないが、推古天皇と持統天皇や孝謙天皇とで価値観や考え方の背後にある文化的背景が同様のものと考えられるなら、推古天皇を「日本人」と呼ぶことは許容されるのではないだろうか。

少し話がそれるかもしれないが、地質学の分野では、新しい年代区分として、近年「人新世」という区分が提唱されるようになってきている。従来、地質学の年代区分は示準化石に基づいて、客観的に決定されてきたが、「人新世」は「人間が環境に大きな影響を与えるようになった時代」と定義される。人間がいつから環境に大きな影響を与えるようになったのかは地域によって異なり、また、研究者によっても意見が分かれるところであり、この点に関して客観的な定義づけはされていない。その意味で、この「人新世」は従来の区分とは異なり、主観的な区分であるといえる。これと似たような発想に立って、ケルト人の定義についても、遺伝子などの科学的な証拠に基づいた、厳密な客観的定義に固執しなくてもよいのではないだろうか。

そうであるならば、古代のケルト人をギリシア・ローマの著作家によって「ケルト」とレッテル貼りされた集団および彼らと文化的一体性を持った集団、と捉えたうえで、その遡及できる上限と、適用しうる下限を「ケルト人」と呼んでもよいのではないだろうか。

このような考えに賛同を得られるかどうか心許ないが、芥川龍之介の小説「西郷隆盛」の言葉で本書を締めくくろう。

僕はピルロンの弟子で沢山だ。我々は何も知らない、いやそう云う我々自身の事さえも知らない。まして西郷隆盛の生死をやです。だから、僕は歴史を書くにしても、嘘のない歴史なぞを書こうとは思わない。ただいかにもありそうな、美しい歴史さえ書ければ、それで満足する。

あとがき

芥川の「西郷隆盛」は、本間という史学科の学生が列車の中で乗り合わせた客から西郷隆盛が戦死していないという話を聞かされ、議論になるが、その列車の中で西郷が寝ている姿を示され、史料と目の前の西郷とどちらを信じたらよいのか当惑する。実はその西郷はよく似た別人で、客のいたずらであったことが判明するというものである。

古代ケルト人の歴史も、新しい史料が出てくれば簡単に覆りかねないもので、本書の記述も「嘘」になってしまうかもしれない。もちろん意図的に嘘を書いているつもりはないが、せめて「ありそうな、美しい歴史」になっていることを願うばかりである。

エドワード・ギボンの『ローマ帝国衰亡史』（一七七六—八八）やヤーコプ・ブルクハルトの『ギリシア文化史』（一八九八—一九〇二）が今でも読み継がれているのは、文学的価値のためだけでなく、主に文献史料に基づいており、記述されている事実の大筋が否定されていないことも一因であろう。

また、中国の古代哲学史では、伝承では戦国期の成立とされてきた『老子』など諸子白家の書物が、近代の科学的考証により、一度は漢代以降の偽作とされたが、二〇世紀後半以降、秦代や漢代初期の墓の発掘でこれらの書物が発見されたことから、再びその成立年代が見直されるようになったと聞く。

もちろん文献や伝承を妄信すればよいというわけではなく、考古学や分子生物学といった、歴史学に比べて比較的新しい学問分野を軽視しているわけでもない。ただ、時の試練を経て伝えられてきた文献や伝承の価値と向き合うことが「ありそうな、美しい歴史」には必要だろうと思う。否定論以前のケルトの枠組みがそれなりに命脈を保ってきたのも、曲がりなりにも文献史料に基づいていたことによるのではないだろうか。

そういうわけで、他人がどう思うかは分からないが、私はケルト否定論に全面的に賛同する気にもなれず、擁護派よりの中立をもって自ら任じている。本書も、考古学や分子生物学などの成果について紹介したり利用したりしてはいるが、なるべく文字史料に基づいて説明するよう努めたつもりである。

もっとも、フランスの作家プルースト（一八七一―一九二二）の言葉を借りればそんなものは無駄な努力なのかもしれない。『失われた時を求めて』の中にはときどきケルト人への言及があり、今年二〇二二年はプルーストの没後一〇〇年にあたるので、少し長くなるが、第一編「スワン家のほうへ」から引用してみよう。

私はケルト人の信仰をいかにももっともだと思う、それによると、われわれが亡くした人々の魂は、何か下等物、獣とか植物とか無生物とかのなかに囚われていて、われわれがその木のそばを通りかかったり、そうした魂がとじこめられている物を手に入れたりする日、けっして多くの人々には到来することのないそのような日にめぐりあうまでは、われわれにとってはなるほど失われたものである。ところがそんな日がくると、亡くなった人々の魂はふるえ、われわれを呼ぶ、そしてわれわれがその声をききわけると、たちまち呪縛は解かれる。われわれによって解放された魂は、死にうちかったのであって、ふたたび帰ってきてわれわれとともに生きるのである。

われわれの過去もまたそのようなものである。過去を喚起しようとつとめるのは空しい労力であり、われわれの理知のあらゆる努力はむだである。過去は理知の領域のそと、その力のおよばないところで、何か思いがけない物質のなかに（そんな物質があたえてくれるであろう感覚のなかに）かくされている。その物質に、われわれが死ぬよりまえに出会うか、または出会わないかは、偶然によるのである。（井上究一郎訳）

無駄な努力かもしれないが、何もしないよりはましというのが私の信条なので、本書が読者に過去を喚起するよすがとなってくれればよいと思う。

さて、本書の発想の基になっているのは、カルチャーセンターの講座である。最初「ケルトの神話と歴史」と題し、その後「ケルトの歴史と文化」と改題し、幸いなことに通算一〇〇回を超え続いている。その一部だけでもきちんとした形にまとめたいとつねづね考えていたところ、筑摩書房編集部の田所健太郎氏から新書のお話をいただいた。今回執筆の機会をくださり、また適切な助言をいただいたことに厚くお礼申し上げたい。

最後に、学部時代からご指導いただいた南川高志先生や鶴岡真弓先生の学恩に、本書で多少なりとも報いることができれば幸いである。

二〇二二年九月九日

疋田隆康

図 4-10　Paul-Marie Duval, *Les Celtes,* Paris: Éditions Gallimard, 1979, p. 136.

図 4-11　ミヨー博物館蔵。

図 5-3　デンマーク国立博物館蔵。*The Celts,* p. 504.

図 5-4　同上。*Celts: Art and Identity,* p. 267.

図 5-6　Émile Espérandieu, *Recueil général des bas-reliefs statues et bustes de la Gaule romaine,* t. x, Paris and Brussels: Editions G. van Oest, 1931, p. 219.

図 6-1　アフガニスタン国立博物館蔵。『黄金のアフガニスタン――守りぬかれたシルクロードの秘宝』産経新聞社、2016年、166ページ。

図 6-5　レンヌ、ブルターニュ考古学部局蔵。*Télérama hors série,* Octobre 2011, 52.

図 6-6　*Télérama hors série,* Octobre 2011, 57.

図 6-7　*The Celts,* p. 646.

図版出典

図1－4　Sabatino Moscati et al. (eds.), *The Celts*, New York: Rizzoli, 1991, p. 596.
図1－5　*The Celts*, p. 70.
図1－6　ハンガリー国立博物館蔵。*The Celts*, p. 318.
図2－2　ヌーシャテル、ラテニウム蔵。*The Celts*, p. 371.
図2－4　ライン州立博物館蔵。Julia Farley and Fraser Hunter (eds.), *Celts: Art and Identity*, London: British Museum Press, 2015, p. 70.
図2－7　スイス国立博物館蔵。*The Celts, p*. 455.
図2－8　Michel Reddé, *Alésia: L'archéologie face à l'imaginaire*, Paris: Editions Errance, 2003, p. 130.
図3－1　スイス国立博物館蔵。*The Celts*, p. 356.
図3－3　リヨン、ガロ＝ローマ文明博物館蔵。*The Celts*, p. 495.
図3－4　同上。*Télérama hors série*, Octobre 2011, 57.
図4－2　Francisco Beltrán (ed), *El tercer bronce de Botorrita (Contrebia Belaisca)*, Zaragoza: Gobierno de Aragón, Departamento de Educación y Cultura, 1996, p. 40をもとに作成。
図4－3　ル・ピュイ＝アン＝ヴレ、クロザティエ博物館蔵。*Télérama hors série*, Octobre 2011, 21.
図4－5　*The Celts*, p. 492.
図4－6　*El tercer bronce de Botorrita*, p. 34.
図4－7　フランス国立図書館メダル陳列室蔵。*The Celts*, p. 391.
図4－9　クレルモン＝フェラン、バルゴワン博物館蔵。*The Celts*, p. 497.

ちくま新書
1692

ケルトの世《せ》界《かい》
――神話《しんわ》と歴史《れきし》のあいだ

二〇二二年一一月一〇日　第一刷発行

著者　疋田隆康（ひきだ・たかやす）

発行者　喜入冬子

発行所　株式会社　筑摩書房
東京都台東区蔵前二―五―三　郵便番号一一一―八七五五
電話番号〇三―五六八七―二六〇一（代表）

装幀者　間村俊一

印刷・製本　三松堂印刷　株式会社

ISBN978-4-480-07516-1 C0222

ちくま新書

1286 ケルト 再生の思想
――ハロウィンからの生命循環
鶴岡真弓
近年、急速に広まったイヴェント「ハロウィン」。この祭りに封印されたケルト文明の思想を解きあかし、古代ヨーロッパの精霊を現代へよみがえらせる。

1255 縄文とケルト
――辺境の比較考古学
松木武彦
新石器時代、大陸の両端にある日本とイギリスは独自の非文明型の社会へと発展していく。二国を比較することでわかるこの国の成り立ちとは？　驚き満載の考古学！

1481 芸術人類学講義
鶴岡真弓編
人類は神とともに生きることを選んだ時、「創造する種」として歩み始めた。詩学、色彩、装飾、祝祭、美術の観点から芸術の根源を問い、新しい学問を眺望する。

994 やりなおし高校世界史
――考えるための入試問題8問
津野田興一
世界史は暗記科目なんかじゃない！　大学入試を手掛かりに、自分の頭で歴史を読み解けば、現在とのつながりが見えてくる。高校時代、世界史が苦手だった人、必読。

1295 集中講義！　ギリシア・ローマ
桜井万里子
本村凌二
古代、大いなる発展を遂げたギリシアとローマ。これらの歴史を見比べると、世界史における政治、思想、文化の原点が見えてくる。学びなおしにも最適な一冊。

901 ギリシア哲学入門
岩田靖夫
「いかに生きるべきか」という問題は一個人の幸福から「正義」への問いとなり、共同体＝国家像の検討へつながる。ギリシア哲学を通してこの根源的なテーマに迫る。

301 アリストテレス入門
山口義久
論理学の基礎を築き、総合的知の枠組をつくりあげた古代ギリシア哲学の巨人。その思考の方法と核心に迫り、知の探究の軌跡をたどるアリストテレス再発見！

ちくま新書

1655 ルネサンス 情報革命の時代　桑木野幸司

新大陸やアジア諸国から流入する珍花奇葉、珍獣奇鳥、玄怪な工芸品……。発見につぐ発見、揺らぐ伝統的な知。この情報大洪水に立ち向かう挑戦が幕を開けた！

1147 ヨーロッパ覇権史　玉木俊明

オランダ、ポルトガル、イギリスなど近代ヨーロッパ諸国の台頭は、世界を一変させた。本書は、軍事革命、大西洋貿易、アジア進出など、その拡大の歴史を追う。

1377 ヨーロッパ近代史　君塚直隆

なぜヨーロッパは世界を席巻することができたのか。「宗教と科学の相剋」という視点から、ルネサンスに始まり第一次世界大戦に終わる激動の五〇〇年を一望する。

1335 ヨーロッパ　繁栄の19世紀史 ――消費社会・植民地・グローバリゼーション　玉木俊明

第一次世界大戦前のヨーロッパは、イギリスを中心に空前の繁栄を誇っていた。奴隷制、産業革命、蒸気船や電信の発達……その栄華の裏にあるメカニズムに迫る。

1400 ヨーロッパ現代史　松尾秀哉

第二次大戦後の和解の時代が終焉し、大国の時代が復活し、危機にあるヨーロッパ。その現代史の全貌を、国際関係のみならず各国の内政との関わりからも描き出す。

1550 ヨーロッパ冷戦史　山本健

ヨーロッパはなぜ東西陣営に分断され、緊張緩和の後は一挙に統合へと向かったのか。経済、軍事的側面にも注目しつつ、最新研究に基づき国際政治力学を分析する。

1327 欧州ポピュリズム ――EU分断は避けられるか　庄司克宏

反移民、反グローバル化、反エリート、反リベラルが世界を席巻！　EUがポピュリズム危機に揺れる理由は、その統治機構と政策にあった。欧州政治の今がわかる！

1262
分解するイギリス
――民主主義モデルの漂流
近藤康史
EU離脱、スコットランド独立――イギリスは政治の機能不全で分解に向かいつつある。もはや英国議会政治は民主主義のモデルたりえないのか。危機の深層に迫る。

1342
世界史序説
――アジア史から一望する
岡本隆司
ユーラシア全域と海洋世界を視野にいれ、古代から現代までを一望。西洋中心的な歴史観を覆し、「世界史の構造」を大胆かつ明快に語る。あらたな通史、ここに誕生！

1206
銀の世界史
祝田秀全
世界中を駆け巡った銀は、近代工業社会を生み世界経済の一体化を導いた。銀を読みといて、コロンブスから産業革命、日清戦争まで、世界史をわしづかみにする。

1538
貿易の世界史
――大航海時代から「一帯一路」まで
福田邦夫
国であれ企業であれ、貿易の主導権を握ったものが世界を動かしてきた。貿易の始まった大航海時代までさかのぼり、グローバル経済における覇権争いの歴史を描く。

1610
金融化の世界史
――大衆消費社会からGAFAの時代へ
玉木俊明
近世から現在までの欧米の歴史を見なおし、GAFAが君臨し、タックスヘイヴンが隆盛する「金融化社会」に至った道のりと、所得格差拡大について考える。

1609
産業革命史
――イノベーションに見る国際秩序の変遷
郭四志
産業革命を四段階に分け、現在のAI、IoTによる第四次産業革命に至るまでの各国のイノベーションの変転をたどり、覇権の変遷を俯瞰する新しい世界経済史。

1082
第一次世界大戦
木村靖二
第一次世界大戦こそは、国際体制の変化、女性の社会進出、福祉国家化などをもたらした現代史の画期である。戦史的経過と社会的変遷の両面からたどる入門書。

ちくま新書

1177
カストロとフランコ
――冷戦期外交の舞台裏
細田晴子
キューバ社会主義革命の英雄と、スペイン反革命の指導者。二人の「独裁者」の密かなつながりとは何か。未開拓の外交史料を駆使して冷戦下の国際政治の真相に迫る。

1278
フランス現代史　隠された記憶
――戦争のタブーを追跡する
宮川裕章
第一次大戦の遺体や不発弾処理で住めない村。第二次大戦の対独協力の記憶。見捨てられたアルジェリアのフランス兵アルキ……。等身大の悩めるフランスを活写。

935
ソ連史
松戸清裕
二〇世紀に巨大な存在感を持ったソ連。「冷戦の敗者」「全体主義国家」の印象で語られがちなこの国の内実を丁寧にたどり、歴史の中での冷静な位置づけを試みる。

1449
インディアンとカジノ
――アメリカの光と影
野口久美子
ラスベガスを上回る、年間3兆円のビッグ・ビジネスはなぜ生まれたのか。インディアンの歴史を跡づけ、その意義となおも残る困難を明らかにする。

1539
アメリカ黒人史
――奴隷制からＢＬＭまで
ジェームス・Ｍ・バーダマン
森本豊富訳
奴隷制の始まりからブラック・ライヴズ・マターが再燃する今日まで、人種差別はなくなっていない。アメリカ黒人の歴史をまとめた名著を改題・大改訂して刊行。

1543
駒形丸事件
――インド太平洋世界とイギリス帝国
秋田茂
細川道久
一九一四年にアジア太平洋で起きた悲劇「駒形丸事件」。あまり知られていないこの事件を通して、ミクロな地域史からグローバルな世界史までを総合的に展望する。

1019
近代中国史
岡本隆司
中国とは何か？　その原理を解く鍵は、近代史に隠されている。グローバル経済の奔流が渦巻きはじめた時代から、激動の歴史を構造的にとらえなおす。

ちくま新書

1080
「反日」中国の文明史
平野聡
文明への誇り、日本という脅威、社会主義と改革開放、矛盾した主張と強硬な姿勢……。驕る大国の本質を悠久の歴史に探り、問題のありかと日本の指針を示す。

1364
モンゴル人の中国革命
楊海英
内モンゴルは中国共産党が解放したのではない。草原の民は清朝、国民党、共産党といかに戦い、敗れたのか。日本との関わりを含め、総合的に描き出す真実の歴史。

1546
内モンゴル紛争
——危機の民族地政学
楊海英
なぜいま中国政府は内モンゴルで中国語を押しつけようとしているのか。民族地政学という新視点から、モンゴル人の歴史上の問題を読み解き現在の紛争を解説する。

1347
太平洋戦争　日本語諜報戦
——言語官の活躍と試練
武田珂代子
太平洋戦争で活躍した連合国軍の言語官。収容所から集められた日系二世の葛藤、養成の違いに見る米英豪加の各国軍事情……。語学兵の実像と諜報戦の舞台裏。

1653
海の東南アジア史
——港市・女性・外来者
弘末雅士
ヨーロッパ、中国、日本などから人々が来訪し、交易や植民地支配を行った東南アジア海域。女性や華人などを通して東西世界がつながった、その近現代史を紹介。

1287-1
人類5000年史Ⅰ
——紀元前の世界
出口治明
人類五〇〇〇年の歩みを通読する、新シリーズの第一巻、ついに刊行！　文字の誕生から知の爆発の時代まで紀元前三〇〇〇年の歴史をダイナミックに見通す。

1287-2
人類5000年史Ⅱ
——紀元元年〜1000年
出口治明
人類史を一気に見通すシリーズの第二巻。漢とローマ二大帝国の衰退、世界三大宗教の誕生、陸と海のシルクロード時代の幕開け等、激動の一〇〇〇年が展開される。